레오나르도 다빈치 하늘을 나는 상상

레오나르도 다빈치 하늘을 나는 상상

수잔나 파르취·로즈마리 차허 글 | 노성두 옮김

다림

예술가들이 사는 마을 3

레오나르도 다빈치 하늘을 나는 상상

초판 1쇄 발행_ 2010년 4월 1일
초판 5쇄 발행_ 2023년 6월 1일

글쓴이_ 수잔나 파르취, 로즈마리 차허 | 옮긴이_ 노성두 | 펴낸이_ 한혁수

편집장_ 천미진 | 편　집_ 최지우, 김현희
디자인_ 최윤정 | 마케팅_ 한소정 | 경영지원_ 한지영

펴낸곳_ 도서출판 다림 | 등　록_ 1997년 8월 1일(제1-2209호)
주　소_ 07228 서울시 영등포구 영신로 220 KnK 디지털타워 1102호
전　화_ 02-538-2913 | 팩　스_ 070-4275-1693
블로그_ blog.naver.com/darimbooks
다림 카페_ cafe.daum.net/darimbooks
전자 우편_ darimbooks@hanmail.net

ISBN 978-89-6177-027-9 73600
ISBN 978-89-6177-030-9 (세트)

이 책 내용의 일부 또는 전부를 사용하려면 반드시 저작권자와 도서출판 다림의 서면 동의를 받아야 합니다.
책값은 뒤표지에 표시되어 있습니다.

DER TRAUM VOM FLIEGEN Wie Leonardo & Co. sich und anderen Flugapparate bauten
by Susanna Partsch, Rosemarie Zacher
Originally published at Bloomsbury Kinderbucher & Jugendbucher ⓒ 2008 Berlin Verlag GmbH
Korean Translation Copyright ⓒ 2010 Darim Publishing Co.
The Korean edition is published by arrangement with Berlin Verlag GmbH through MOMO Agency, Seoul, Korea
All rights reserved.

이 책의 한국어판 저작권은 모모 에이전시를 통해 Berlin Verlag GmbH과 독점 계약한 도서출판 다림에 있습니다.
저작권법에 의해 한국 내에서 보호를 받는 저작물이므로 어떠한 형태로든 무단 전재와 무단 복제를 금합니다.

제품명: 레오나르도 다빈치- 하늘을 나는 상상	제조자명: 도서출판 다림	제조국명: 대한민국
전화번호: 02-538-2913	주소: 서울시 영등포구 영신로 220 KnK 디지털타워 1102호
제조년월: 2023년 6월 1일	사용연령: 10세 이상

※ KC마크는 이 제품이 공통안전기준에 적합하였음을 의미합니다.

⚠ 주　의

아이들이 모서리에 다치지
않게 주의하세요.

차례

인간이 하늘을 날 수 있다면?　　　　　　　　7

호기심의 제왕 레오나르도 다빈치　　　　　　17

자연에서 얻어 온 다빈치의 날개　　　　　　　35

하늘을 난 레오나르도 다빈치　　　　　　　　57

계속되는 이카로스의 후예들　　　　　　　　　73

부록　　　　　　　　　　　　　　　　　　　101

1. 레오나르도 다빈치의 발자취
2. 르네상스 예술가 다빈치를 만나다
3. 미술관에 놀러 가요

인간이 하늘을 날 수 있다면?

■ 수록 작품
레오나르도 다빈치의 원작 〈레다와 백조〉(로마, 보르게세 미술관)의 부분 그림 가운데 '열매를 따먹는 티티새'를 베낀 모사 작품 (9쪽)
카를로 사라체니 〈다이달로스와 이카로스〉 1606년, 구리판에 유화, 41×53.5cm, 나폴리 카포디몬테 미술관 (13쪽)
로즈마리 차허 〈하늘에서 헤엄치기〉 2007년, 혼합 재료, 19.5×15cm, 개인 소장 (15쪽)

풀밭에 작은 새 한 마리가 날아왔네. 작은 발로 폴짝거리면서 뛰어다니네. 먹이를 찾는 모양이로군.

바람에 풀잎이 사그락거리는 소리를 듣고 놀랐나? 포르릉 날아서 바위 위로 달아나네. 겁먹은 표정이야. 바위 위에 앉아서 고개를 갸웃거리는 것 같아. 무슨 일 없나 낌새를 살피고 있어. 풀밭에서 모이를 계속 찾아야 할지 망설이는 기색이야. 옳지, 바위틈 사이에 열린 산딸기를 찾았군.

작은 새는 좋겠네. 어디든 날아갈 수 있으니까. 새는 날개가 있으니 얼마나 좋을까? 나도 저런 날개를 하나 가져 봤으면…….

천사와 날개 하늘을 날아오르는 건 인간의 오랜 꿈이야. 사람은 두 다리가 있어서 뜀박질을 하거나, 다람쥐처럼 나무를 타고 오를 수 있지. 또 물고기처럼 물속에서 헤엄도 치지만 그것뿐이야. 다리만 가지고는 하늘을 결코 날 수 없어.

하늘을 나는 건 불가능하지만, 상상 속에서는 날 수 있지. 고대 신화를 읽다 보면, 옛날 사람들이 상상으로 지어낸 바람의 신들이나 그리스 신화에 나오는 신들은 하늘을 자유자재로 날아다녀. 하늘을 날아다니는 신비한 존재들이 상상 속에서 분명히 존재했던 거야. 천사도 마찬가지야. 하얀 날개를 가진 천사는 눈부신 흰 옷자락을 펄럭거리면서 하늘을 날아다니곤 하지.

천사는 처음에 어디서 생겨났을까? 천사의 모습은 시대마다 조금씩 달라. 중세 미술에 등장하는 천사들은 우리와 똑같은 얼굴을 하고 있어. 어깨에 있는 날개만 떼 놓으면 인간 세상에 사는 우리랑 다를 게 하나도 없어. 날개를 달고 있으니 천사가 된 거야. 중세 화가들은 천사 날개도 새의 깃털 모양을 그대로 베껴서 그렸대.

하지만 시대가 변해 가면서 천사의 모습도 다양해졌어. 가령 큰 칼을 든 천사는 우리를 지켜 주는 수호천사야. 또 아기처럼 생긴 귀여운 천사도 있지. 우리의 마음에 행복을 채워 주는 사랑의 천사들이야.

천사를 하나 만들어 볼까? 왼쪽에 재미난 표정의 천사가 하나 보이지? 집에 나뒹구는 천 조각이나 간단한 허드레 재료를 가지고 천사를 만드는 거야.

두루마리 휴지 속심으로
만든 우아한 천사

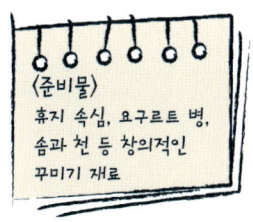

〈준비물〉
휴지 속심, 요구르트 병, 솜과 천 등 창의적인 꾸미기 재료

천사의 몸통은 다 쓴 화장실 휴지 속심을 쓰고, 머리는 솜을 동그랗게 뭉쳐서 붙였어. 레이스 천 자투리로 옷을 두르고 구겨진 선물 포장지와 알루미늄 포장지로 날개를 만들었어. 아차, 그러고 보니 팔이 없군. 그래! 주방 서랍 어디에 계피를 넣어 둔 게 있었지. 동그랗게 말린 계피를 몸통에 붙이면 이걸로 완성!

플라스틱 요구르트 병으로 만든 천사

두루마리 휴지 속심 대신에 플라스틱 요구르트 병을 사용해서 하나 더 만들어 볼까? 포도주 마개로 머리를 붙이고, 빨간 실로 머리카락을 만들었어. 날개는 종이를 오려서 붙였고, 두 팔은 작은 플라스틱 포크야. 쇠구슬을 연결한 모양의 줄로 목걸이를 만들었더니 꼭 진주 목걸이를 한 기분이 나지 뭐야.

재료는 아무거나 눈에 띄는 대로 사용해도 좋아. 팔을 밀짚, 나뭇가지, 이쑤시개, 펜 뚜껑으로 만들어도 잘 어울릴 거야.

천사만 하늘을 나는 건 아냐. 악마도 천사 못지않은 비행의 명수야. 악마의 박쥐 날개는 흰색이 아니라 검은색으로 만들어야 한다는 것만 조심하면 돼. 괴물이나 악룡도 징그러운 날개를 달고 있어. 또 날개 없이 빗자루를 타고 밤하늘을 날아다니는 마녀도 있어.

고무찰흙으로 만든 작은 마녀
빗자루 대신 연필을 타고 날아다니네.

그림으로 보는
다이달로스와 이카로스 이야기

다이달로스와 이카로스 최초로 하늘을 난 인간은 누구였을까? 고대 그리스 신화에 처음으로 하늘을 난 인간 이야기가 실려 있어. 명장으로 이름난 다이달로스와 그의 아들 이카로스가 바로 그 주인공이래. 다이달로스는 '손재주가 뛰어난 사람'이라는 뜻이라니까 무엇이든 잘 만드는 장인이었나 봐.

 몇천 년 전 그리스의 아테네에서 태어난 다이달로스는 조각가와 건축가로 큰 명성을 날렸대. 그러다가 고향을 떠나 크레타섬으로 가서 그곳을 다스리던 왕을 섬기게 되었어. 그러던 어느날 크레타섬의 왕은 다이달로스가 왕비의 일감을 맡아서 하고 있다는 사실을 알게 되었지. 왕은 화가 나서 다이달로스와 이카로스를 감옥에 가두고 말았어. 왕은 섬에서 나가는 모든 항구를 폐쇄했어. 바다로 둘러싸인 크레타섬에서 탈출할 길은 완전히 막히고 말았어. 그런데 딱 하나, 하늘은 열려 있었던 거야. 다이달로스는 아들과 함께 하늘길을 날아서 도망치기로 결심했어. 이제 날개를 만드는 일만 남은 거지.

 새의 깃털을 모아서 밀랍으로 붙인 날개가 마침내 완성되었어. 다이달로스는 자기가 사용할 날개와 아들 것까지 두 벌을 만들었어. 그 다음엔 날개에 팔을 끼우고 날갯짓을 하는 방법을 가르쳐 주었어. 빠르지도 않고 느리지도 않게 바람을 타는 방법을 설명해 주었지. 다이달

이탈리아 화가 카를로 사라체니가
지금으로부터 400년 전에 상상했던
다이달로스와 이카로스의 비행 장면

로스는 아빠가 나는 걸 보면서 뒤따라오라고 말했어. 너무 높게 날면 햇살이 밀랍을 녹이고, 너무 낮게 날면 바다의 파도가 날개를 적실 테니까 조심해야 한다고 단단히 일렀어. 자칫 한눈을 팔다가는 바다로 추락해서 목숨을 잃게 될 판이니, 다이달로스는 여간 걱정이 되지 않았어.

이카로스는 다이달로스가 시키는 대로 하늘 높이 힘껏 날아올랐지. 그러나 바람을 타고 대기를 가르는 동안 날갯짓에 한껏 취한 이카로스는 그만 욕심이 생겼어. 더 높이 날아올라서 세상을 내려다보고 싶었던 거야. 조금씩 높이 올라가던 이카로스는 마침내 태양이 떠 있는 높이까지 다다르게 되었어.

그런데 날개를 지탱하던 밀랍이 뜨거운 열기를 이기지 못하고 녹아내리자 이카로스는 그만 추락하고 말았지. 이카로스는 바다에 첨벙 빠졌어. 다이달로스는 그런 이카로스를 멍하니 바라보는 것밖에 달리 손을 쓸 도리가 없었지. 하는 수 없이 다이달로스는 시칠리아까지 계속해서 날갯짓을 하면서 날아갔어.

인간은 어깨와 팔의 힘만 가지고는 날 수 없지. 이 사실은 이미 과학자들에 의해서 밝혀졌어. 제 힘으로 날 수 있다면 다들 저금통을 털어서 날개 한 벌씩 구입했겠지. 교통 체증이나 지하철 출근 전쟁도 없을 테니까. 그러나 그건 불가능한 일이야.

다이달로스와 이카로스의 신화는 하늘을 날고 싶은 인간의 꿈이 담긴 신화 가운데 한 토막일 뿐이야. 옛날이야기에는 혼자 힘으로 나는 사람이나 독수리 발톱에 매달려서 나는 사람, 혹은 하늘을 종횡무진

만약에 인간이 날 수 있다면…….

누비는 마법의 빗자루가 흔히 등장하곤 하지. 주인공은 단숨에 공간을 이동하고는 해.

　근대 이전에는 기계 장치를 발명해서 하늘을 난다는 건 아무도 생각하지 못했던 것 같아. 천사들이나 동화책에 나오는 마법사도 그런 비행 기계를 가지고 있지 않거든. 하지만 실제로 날지는 못했어도 상상을 해서 비행 기계를 설계한 사람들은 있었어. 죄다 엉뚱한 사람들이지. 이들 가운데 가장 엉뚱했던 건 바로 레오나르도 다빈치야.

2

호기심의 제왕 '레오나르도' 다빈치

■ 수록 작품
안드레아 델 베로키오와 레오나르도 다빈치의 공동 작업 〈예수 세례〉
1472~1473년, 목판에 템페라와 유화, 176.9×151.2cm, 피렌체 우피치 미술관 (21쪽)
레오나르도 다빈치 〈수태고지〉 1475년경, 목판에 템페라와 유화, 98.4×217.2cm, 피렌체 우피치 미술관 (22~23쪽)
레오나르도 다빈치 〈소용돌이치는 물살〉 펜화, 29.8×20.7cm, 윈저 성 왕립도서관 (28쪽)
레오나르도 다빈치 〈두개골 소묘〉 1489년경, 펜화, 18.7×13.5cm, 윈저 성 왕립도서관 (30쪽)
레오나르도 다빈치 〈태아의 생성〉 1510년경, 펜화, 30.1×21.3cm, 윈저 성 왕립도서관 (31쪽)
레오나르도 다빈치 〈비트루비우스의 인체 비례〉 1490년경, 펜과 수성 물감, 34.4×24.5cm, 베네치아 아카데미아 미술관 (32쪽)
레오나르도 다빈치 〈해부학 연구〉 1510년경, 펜화, 윈저 성 왕립도서관 (34쪽)

레오나르도 다빈치 1452년 4월 15일 레오나르도 다빈치(Leonardo da vinci)는 빈치 인근의 외딴 시골 앙키아노에서 태어났대. 빈치는 중부 이탈리아의 문화 도시 피렌체에서 그리 멀지 않아.

시골 마을 빈치에서 어린 시절을 보낸 다빈치는 열일곱 살이 되던 해에 피렌체에 있는 베로키오 공방에 도제*로 들어가게 되지. 안드레아 델 베로키오(Andrea del Verrocchio 1435~1488)는 조각과 회화의 분야에서 손꼽히는 거장이었대. 그 당시에는 대개 열두 살이나 열세 살쯤에 도제 생활을 시작했다니까, 열일곱 살에 미술 공부를 시작한 다빈치는 꽤 늦깎이라고 할 수 있지.

* 도제
직업에 필요한 지식이나 기능을 배우기 위하여 스승 밑에서 일하는 직공.

도제로 들어가면 7년쯤은 허드렛일을 도우며 배워야 했어. 혹시 베로키오 공방에 들어가기 전에 다른 데에서 미술 공부를 했던 걸까? 여기에 대해서는 알려진 사실이 없어. 그러나 다빈치는 3년 만에 베로키오 공방의 도제 생활을 마쳤어. 그리고 곧장 화가 조합에 가입했다니까 남들보다 배우는 속도가 무척 빨랐나 봐.

다빈치는 도제 생활을 마친 다음에도 몇 해 동안 공방에 남아서 베로키오의 일감을 도왔어. 이때 그린 그림들은 혼자서 그린 것도 있고, 베로키오와 공동으로 작업해서 완성한 것도 있어.

21쪽에 있는 그림 〈예수 세례〉는 스승 베로키오와 다빈치가 함께 그렸어. 두 사람이 제각기 다른 재료를 써서 그렸기 때문에 누가 어느 부분을 그렸는지 정확하게 구분할 수 있어.

그림을 먼저 시작한 건 베로키오였어. 베로키오는 1470년 템페라 물감으로 그림을 시작했어. 템페라는 기름 대신에 달걀흰자를 안료의 용제로 사용하는 기법이지. 그런데 어쩐 일인지 미완성인 채 그림을 버려 두었어.

다빈치가 스승의 그림을 발견하고 유화 기법으로 작업을 시작한 건 2년이 지난 뒤였어. 강물의 물결과 풍경 일부에 손을 댔고, 왼쪽에는 천사 두 명을 더 그려 넣었지. 오른쪽 위에 숲으로 날아드는 시커먼 새도 다빈치의 솜씨야.

그림 한가운데 서 있는 주인공이 바로 예수야. 예수는 허리에 수건을 두른 채 요단 강에 발을 담그고 서 있어. 강물에 발을 딛고 오른쪽에 서서 세례를 베푸는 사람은 요한이지. 대접에 물을 떠서 예수의 머리 위에 붓고 있어. 천사들은 무릎을 꿇고 세례 장면을 지켜보고 있군. 천사 하나는 세례를 마치고 예수에게 건넬 옷을 들고 있고, 다른 천사는 두 손을 포개고 앉아서 친구를 바라보고 있어. 뒤로 산악과 강변의 풍경이 멀찍이 펼쳐지고, 하늘에는 하느님의 손이 불쑥 나와서 성령의 비둘기를 날려 보내고 있어.

순백색의 비둘기 옆에 시커먼 새가 쏜살같이 숲으로 도망치고 있네. 천사의 몸짓과 표정, 그리고 도망치는 시커먼 새는 자칫 딱딱해지기 쉬운 종교 주제의 그림에 활력과 생동감을 불어넣는 것 같아.

그림에서 쏜살같이 달아나는 시커먼 새를 보면, 다빈치가 새가 나는 방법에 대해서 얼마나 정확히 관찰하고 있었는지 알 수 있어. 기존 방식으로 그린 성령의 비둘기와는 전혀 다른 느낌이거든. 한편 천사들은 날개가 없어. 다빈치는 천사라고 해서 꼭 날개를 달고 있을 필요는 없다고 생각했던 모양이야.

도망치는 검은 새

예수 세례 장면에서 레오나르도 다빈치는 천사들과 검은 새를 그렸어.

그렇지만 천사의 날개를 무조건 안 그린 건 아니었어. 〈수태고지〉에서는 꽤 근사한 날개를 달고 나오거든. 이 그림은 앞선 〈예수 세례〉보다 다빈치가 자연 관찰에 얼마나 깊은 관심을 갖고 능력을 활용했는지 보여 주고 있어.

〈수태고지〉에서
다빈치는 천사에게
여러 가지 색으로
그린 날개를 붙여 놓았어.

오른쪽에 앉아 있는 주인공은 예수의 어머니 마리아야. 마리아는 뜰에 나와서 독서대 위에 펴 놓은 기도서를 읽고 있었나 봐. 바로 그때 맞은편에서 천사가 나타난 거지. 천사는 작은 꽃들이 앙증맞게 피어 있는 안뜰 정원에서 마리아를 뵙고 무릎을 꿇었어. 왼손에 들고 있는

천사의 날개

백합은 마리아의 순결을 상징한다고 해. 오른손을 들어 올린 건 인사를 올린다는 뜻이야. 천사는 마리아에게 이제 곧 아기를 가지게 될 텐데 아들을 낳으면 이름을 예수라고 지으라는 이야기를 전하고 있어.

천사의 날개를 관찰해 볼까? 날개는 위로 쫑긋 세웠는데, 활짝 펼친 모습은 아니야. 그런데 천사의 두 날개가 꼭 하늘을 날다가 땅에 내려 앉은 새의 날개처럼 보이는 건 우연의 일치일까? 날개를 가까이에서 관찰하면 긴 깃털과 짧은 깃털이 분명하게 구분되어 있는 걸 볼 수 있어. 울긋불긋한 날개 깃털이 바람에 떨리는 것 같아. 다빈치는 실제로 날짐승의 날개를 모델로 삼았던 게 틀림없어.

나무

그뿐이 아니야. 낮은 담벼락 뒤로 보이는 크고 작은 나무들도 훌륭한 자연 관찰의 결과물이지. 소나무와 편백나무 같은 종류의 나무는 지금도 피렌체 인근에서 얼마든지 볼 수 있어. 소나무는 편 우산, 편백나무는 접은 우산처럼 보이네. 이 그림에 나오는 꽃들도 마찬가지야. 꽃 이름을 하나 하나 댈 수 있을 만큼 정확하고 정교하게 재현되었지. 물론 식물도감을 몽땅 외울 만큼 꽃나무에 대한 지식을 충분히 가지고 있다면 말이지.

백합

자연 관찰 뛰어난 화가라면 나무와 꽃의 종류는 기본적으로 꿰고 있어야 했나 봐. 거기에다 새의 날개까지 공부를 해야 하니 간단한 일이 아니었을 거야.

실제로 자연을 그대로 그려 내는 일은 어지간한 인내심으로는 어림도 없지. 공원에서 나무 한 그루를 그리려고 해도 그놈의 바람이 어찌나 나뭇가지와 잎을 흔들어 대는지 진땀이 날 정도야. 꽃병에 꽂힌 꽃같이 움직이지 않는 정물도 어렵긴 마찬가지야.

무엇보다 새를 그리는 건 그야말로 고난도의 작업이지. 새들은 어찌나 조심성이 많은지 풀잎만 바스락거려도 포로롱 날아가고 만단 말이야. 새장 속에 갇힌 새가 아닌 이상 가까이 다가가는 것조차 용납하지 않으니 말 다했지 뭐야.

더군다나 돋보기로 들여다본 듯이 꼼꼼하게 세부 묘사를 하는 건 거의 불가능에 가까운 일이야. 요즘 같아서는 사진을 보고 베끼면 간단하지만, 다빈치가 살던 시대에는 그런 게 아직 발명되지 않았으니 낭패였지. 설령 사진이 있다 해도 촬영된 각도로만 날개를 볼 수 있으니까 정확한 자연 관찰과는 거리가 멀지.

새의 날개

　여기 날개 한 쌍이 있어. 날개의 전체적인 형태를 잘 본 다음에 날개 깃털을 하나씩 관찰해 보도록 해. 깃털 하나의 생김새와 색깔 그리고 다른 깃털과 어떤 차이가 있는지 비교하는 거야. 충분히 관찰을 하고 나서 천사 날개를 다시 그려 보자. 이제 천사 날개를 꽤 그럴 듯하게 그릴 수 있을 거야. 그래, 이런 게 바로 자연 관찰의 힘이지.
　다빈치는 관찰을 통해서 얻은 지식을 그림으로 그리는 동시에 기록으로도 남겼어. 기억에서 사라지기 전에 서둘러 써 놓은 수기 기록이야. 그런데 다빈치의 수기 기록은 죄다 좌우가 뒤집혀 있어. 거울을 대고 읽을 수 있다고 해서 경필이라고 부르기도 해.
　다빈치의 거울 필기법에 대해서는 다양한 추측이 마구 쏟아져 나오고 있지. 아무도 못 읽게 비밀 잠금장치를 해 둔 거라는 주장이 있는

가 하면, 단순히 왼손잡이여서 글씨를 거꾸로 썼다고 보기도 해. 그렇지만 아무럼 어때?

다빈치는 호기심이 충만한 사람이었나 봐. 옆집 사람들의 사생활에 관심이 있었다는 건 아니고, 세상의 모든 현상에 대해서 끝없는 물음표를 던지곤 했다는 뜻이야.

그 시대의 사람들은 궁금증이 생기면 성경책을 보고 답을 찾곤 했어. 그러나 다빈치는 달랐어. 이성의 힘과 관찰하는 눈을 통해서 세상의 비밀을 파헤치려고 했어. 밤에는 달과 별을 올려다보고, 낮에는 해를 관찰하느라 쉴 틈 없이 바빴지.

성경에는 창조주가 세상을 만들 때 해와 달과 별을 같이 만들었다고 씌어 있어. 그 시대의 사람들은 성경 내용을 불변의 진리라고 굳게 믿어 의심치 않았지. 지구는 가만히 붙박여 있고, 해와 달과 별이 떼 지어서 지구 주위를 빙글빙글 돌아간다고 말이야.

하지만 다빈치는 성경의 진리와 실제 진실이 뒤바뀌었다는 사실을 알아냈어. 물론 아무에게도 말을 하진 않았지. 해가 가만히 있고 지구가 그 주위를 돈다고 주장했다가는 교회에서 호되게 경을 칠 게 분명하니까 말이야. 그렇지만 새로운 진실을 외면할 수가 없었던지 수기 노트의 귀퉁이에 살짝 기록을 해 두었어. 실제로 지구가 공전한다는 사실을 과학자들이 말하기 시작한 건 다빈치가 발견한 것보다 백 년도 더 지난 다음이었대.

하늘에서 땅까지 다빈치의 호기심에 찬 시선을 피해 갈 수 있는 건 아무것도 없었어. 무엇보다 변화무쌍하게 흘러가는 물이 다빈치의 관

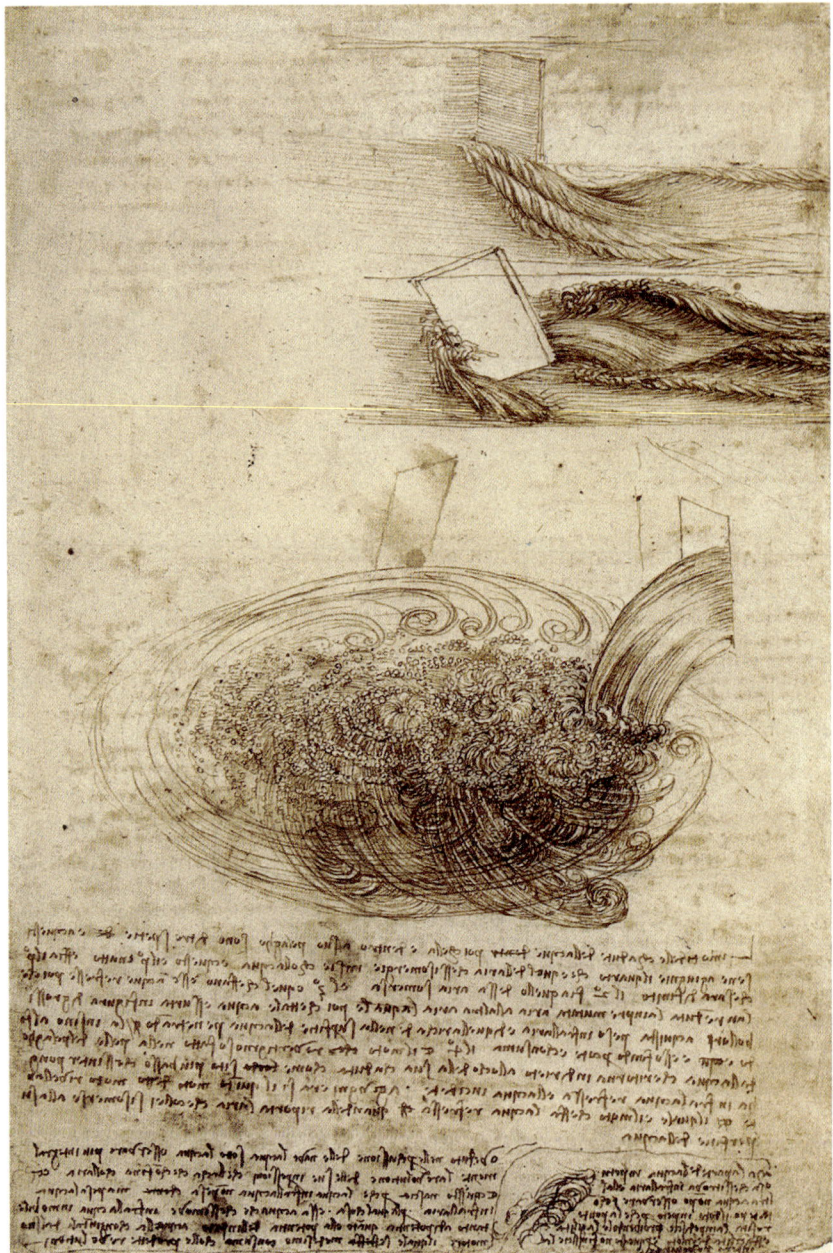

소용돌이 연구

심을 끌었어. 폭포수와 강물 그리고 폭풍과 폭우 속의 파도는 아무리 들여다보아도 신기하기만 했던 거야. 소용돌이는 도대체 어떻게 만들어지는 걸까? 이런 엉뚱한 의문들이 꼬리에 꼬리를 물었지.

자연에 대한 탐구와 더불어 사람의 몸도 다빈치의 관심사였어. 손가락은 어떤 원리로 움직이는지를 알아내는 건 무척 골치 아픈 과제였지. 사람의 두개골을 쪼개서 들여다보는가 하면, 인체를 낱낱이 해부하면서 해부학에 대한 연구를 계속했어.

요즘은 의과 대학에 해부학 과정이 있어. 해부학은 의사가 되려면 누구나 이수해야 할 과목이지만, 다빈치가 활동했던 시대에는 사정이 딴판이었어. 특히 교회에서는 죽은 사람의 시신을 훼손하는 걸 아주 엄격하게 금지하고 있었거든. 그래서 인체를 해부하는 것은 정말 목숨을 걸어야 할 만큼 무모하면서 위험을 무릅써야 하는 시도였어.

다빈치가 쉰 살이 넘었을 무렵 실제로 시신을 가져다가 해부해 보았던 것 같아. 밀라노와 피렌체를 오가면서 활동하던 무렵이었지. 아마 남들의 눈길을 피해서 몰래 문을 잠가 놓고 했을 거야.

1507년 겨울, 다빈치는 피렌체의 한 병원에서 나이가 아주 많은 환자와 친구가 되었는데, 그 노인은 다빈치에게 죽고 나서 자신의 시신을 해부해도 좋다고 허락해 주었어. 다빈치는 고마움의 표시로 노인의 장례를 성대하게 치러 주었지. 그리고 그 노인 덕분에 인체 해부에 대한 상세하고 뛰어난 소묘 작품과 기록들을 남길 수 있었어.

다빈치가 인체에 관심을 가진 건 훨씬 일찍부터였어. 뼈의 구조 정도는 훤히 알고 있었지. 암소의 자궁이 어떻게 생겼나 살펴보기도 했어.

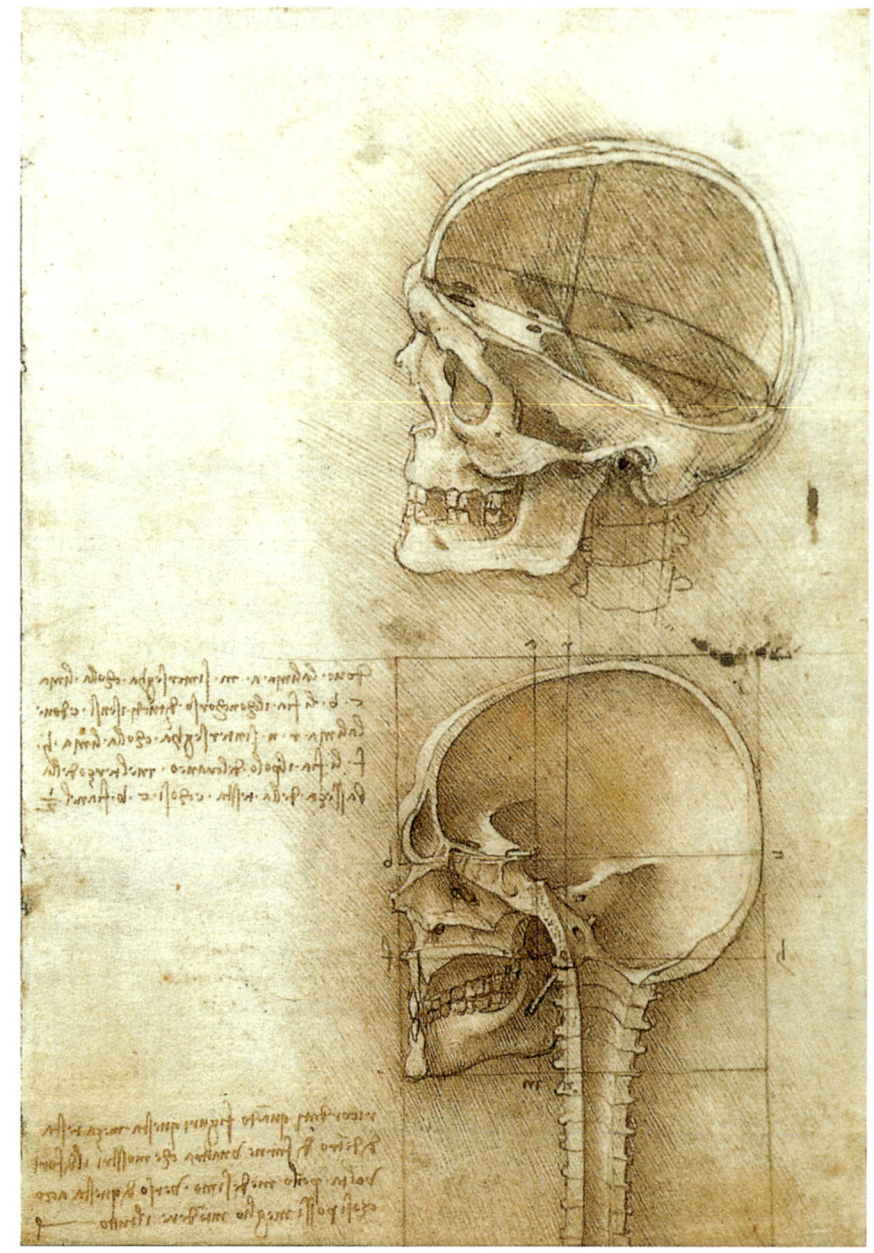

사람의
두개골 연구

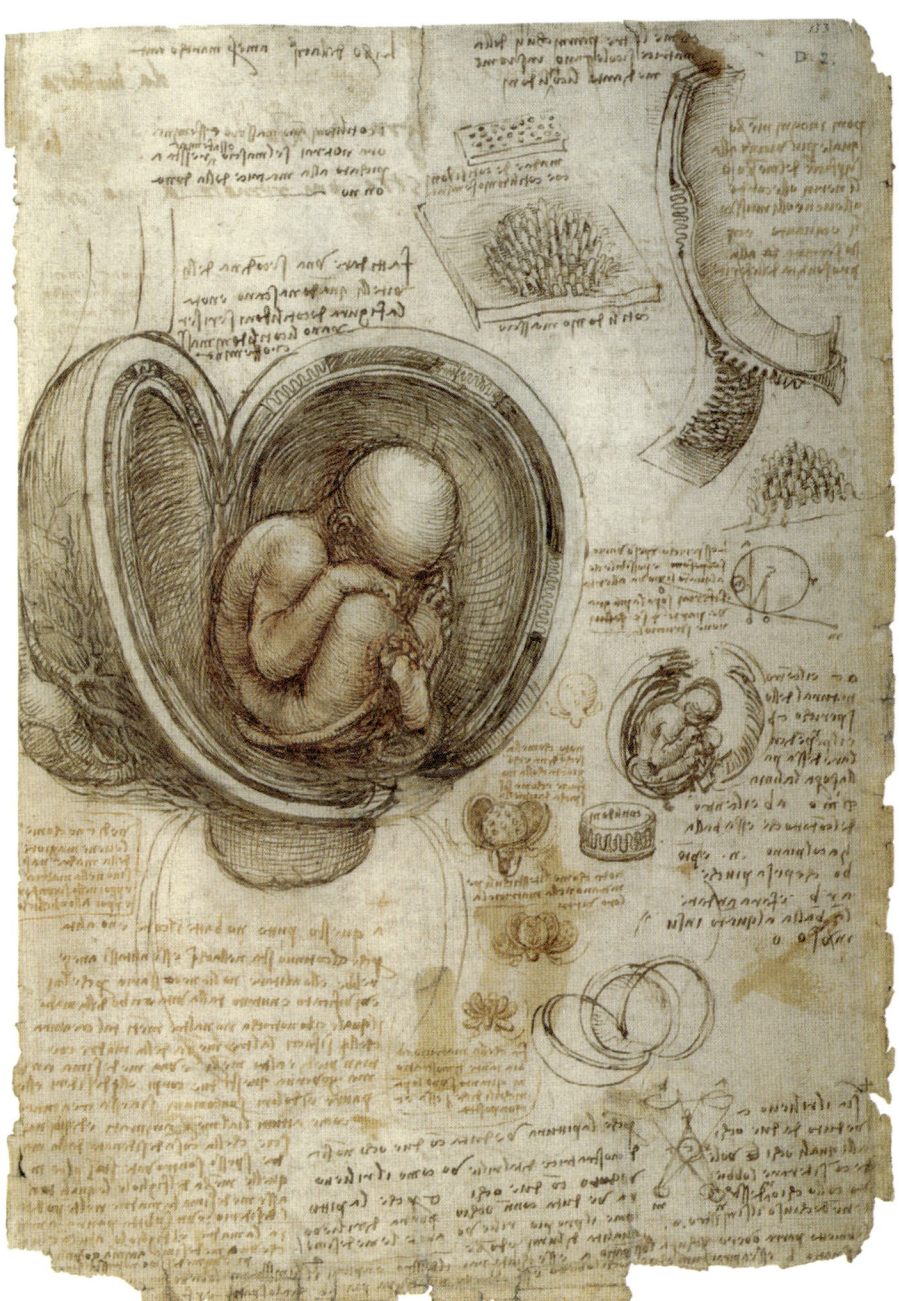

자궁 속의
태아 연구

원과 정사각형의
도형 안에
서 있는 남자

태아가 웅크리고 있는 자궁 그림은 암소의 자궁을 관찰한 것을 바탕으로 추측해서 그린 거야. 소묘라고 해도 정확하고 아름답게 그리는 게 다빈치의 특징이야. 웅크리고 있는 아기의 모습에서 생명의 신비가 느껴져.

　아름다움의 실체는 무엇일까? 다빈치는 보탤 수도 덜어낼 수도 없는 완전한 상태를 아름다움이라고 생각했어. 무엇보다 원과 정사각형의 도형 안에 서 있는 남자를 그린 〈비트루비우스의 인체 비례〉에 그런 생각이 잘 드러나 있지.

　한번쯤 본 적이 있지? 그래, 아주 유명한 그림이야. 다빈치는 정확하게 균형 잡힌 인체가 비례의 원칙을 통해서 얼마나 완전한 아름다움을 만들어 낼 수 있는지 보여 주고 있어. 손바닥과 팔, 팔과 몸통, 몸통과 다리, 다리와 머리의 수학적인 비례로 이루어진 아름다움이지.

　다빈치는 해부학과 수학을 통해서 습득한 인체 비례의 지식을 다방면에 적용했어. 그림을 그리면서, 조각 작품을 모델링하면서, 건축 도면을 제작하면서, 심지어 살상 무기를 설계하면서까지 두루 활용했대. 전쟁 무기를 설계하는 데 다빈치가 뛰어난 재능을 가졌다는 건 미처 몰랐겠지?

다빈치의
해부학 연구

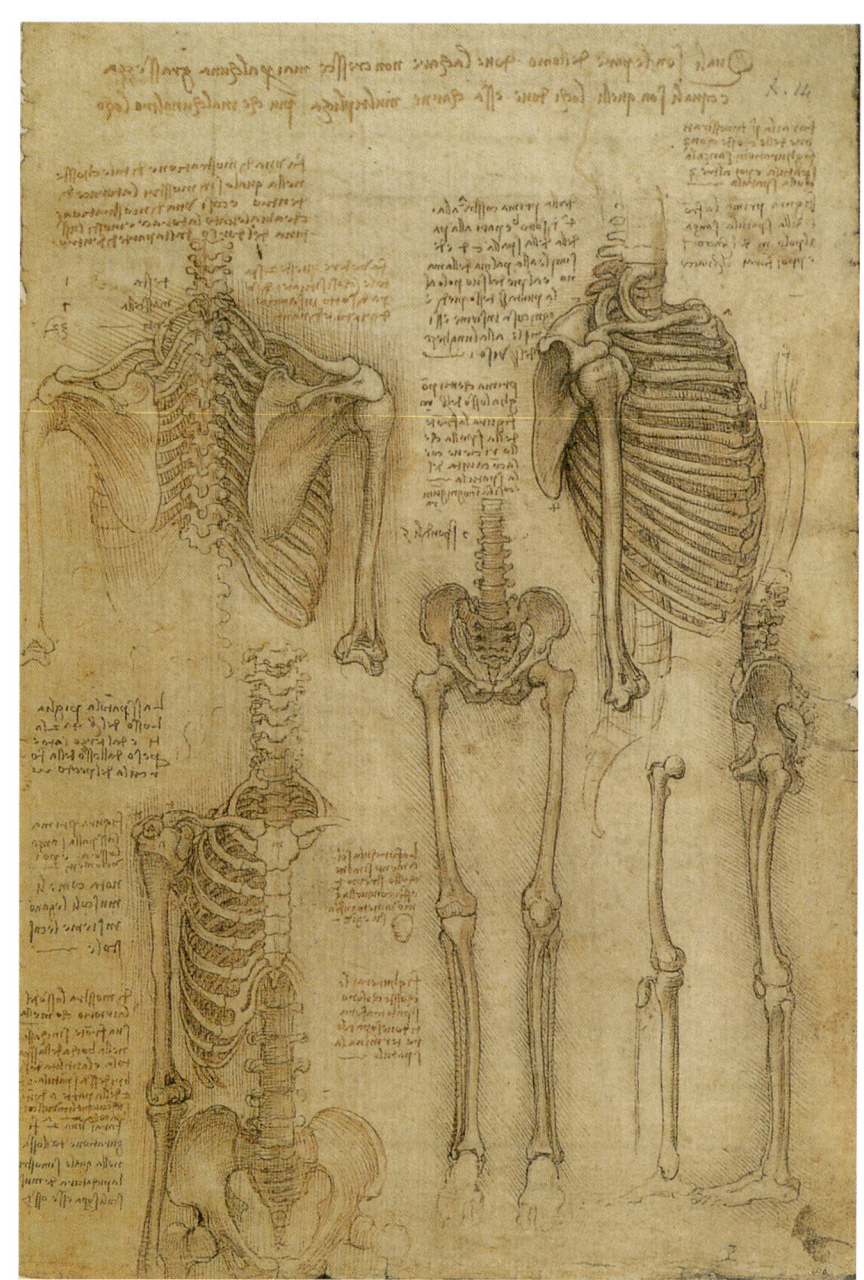

자연에서 얻어 온 다빈치의 날개

■ 수록 작품

레오나르도 다빈치 〈최후의 만찬〉
1495~1497년, 벽화, 460×880cm, 밀라노 산타 마리아 델레 그라치에 교회의 부속 수도원 벽화 (38쪽)
레오나르도 다빈치 〈낙하산 설계도〉 1485년경, 펜화, 코덱스 아틀란티쿠스, 밀라노 암브로시아나 도서관 (40쪽)
이름이 알려지지 않은 시에나의 장인 〈낙하산 설계도〉 15세기, 펜화, 런던 영국도서관 (40쪽)
레오나르도 다빈치 〈헬리콥터 설계도〉 1487~1490년, 펜화, 23.2×16.5cm, 파리 국립도서관 (46쪽)
레오나르도 다빈치 〈팔과 다리의 힘으로 날개의 움직임을 구동하는 비행 기계〉
1487~1490년, 펜화, 23.2×16.7cm, 파리 국립도서관 (51쪽)
레오나르도 다빈치 〈서서 나는 비행 기계〉 1487~1490년, 펜화, 23.2×16.5cm, 파리 국립도서관 (53쪽)
레오나르도 다빈치 〈날개 동력 측정 장치〉 1487~1490년, 펜화, 23.2×16.5cm, 파리 국립도서관 (54쪽)
레오나르도 다빈치 〈이착륙 완충 장치〉 1487~1490년, 펜화, 23.2×16.5cm, 파리 국립도서관 (55쪽)

밀라노에서 다빈치는 새로운 무기들을 여러 개 개발했어. 새로운 아이디어가 흘러넘치던 다빈치는 짐짓 무기 제작 전문가 행세를 하면서 밀라노의 스포르차 공작에게 자기 추천서를 보냈어. 마침 스포르차 공작은 전쟁 준비에 골몰하고 있던 터라, 다빈치를 궁정 수석 장인으로 임명하기에 이르렀어. 두둑한 봉급을 받게 되었으니 앞으로 먹고 살 걱정은 털어 낸 셈이지.

1483년부터 다빈치는 스포르차 공작이 시키는 일감을 닥치는 대로 해치웠어. 가장 중요한 작업은 아마 밀라노의 산타 마리아 델레 그라치에 교회에 그린 〈최후의 만찬〉일 거야.

〈최후의 만찬〉은 수도원 식당의 벽면을 장식하는 그림이었어. 예수가 제자들과 함께 기다란 식탁에 둘러앉아서 마지막으로 음식을 나누는 장면을 담고 있어. 긴 식탁에 둘러앉은 제자들의 모습은 다른 화가들이 그린 〈최후의 만찬〉에도 흔히 나타나는 구성이지. 그런데 다빈치는 조금 변화를 주기로 마음먹었어. 제자들이 엄숙한 자세로 앉아서 일제히 예수를 바라보는 낡은 구성 대신에, 예수의 말씀에 깜짝 놀란 제자들이 자기네끼리 무리 지어서 웅성거리는 새로운 구성을 선보이기로 했지. 그래서 그런지 식탁에 둘러앉은 제자들이 한결 자연스러워 보이는군.

다빈치의 작업실에는 피렌체에서 가지고 온 그림들이 여전히 미완성인 채로 먼지를 맞고 있었어. 작업을 시작했다가도 어느새 까맣게 잊고 버려두기 일쑤였지. 그건 다빈치가 딱히 게을러서가 아니라 너무 많은 생각으로 머릿속이 분주했기 때문이었을 거야. 마음을 잡고 붓을

레오나르도 다빈치의 대표작으로 꼽히는 〈최후의 만찬〉

들었다가도 수학 문제가 문득 떠오르면 정답을 바로 구하지 않고선 못 견디는 성격이었대. 또 수학 문제와 끙끙대며 씨름하다가도 근사한 수레의 도안이 떠오르면 다시 목공소로 달려갔지. 실제로 말이나 나귀가 끄는 대신 순수하게 태엽 장치만 가지고 움직이는 수레를 발명하기도 했어. 최초의 자동차인 셈이지.

그러다가 창밖에 비둘기 날아가는 걸 보면 하늘을 나는 비행 기계를 상상하면서 머리를 싸매곤 했어. 다이달로스와 이카로스처럼 하늘을 훨훨 나는 공상에 잠겨서 말이야. 한 가지 일감도 차분하게 마무리를 할 줄 모르고 쓸데없는 상상과 공상과 망상이 머릿속에서 죽 끓듯 하니 정말 딱한 노릇이었어. 이제나저제나 작품이 완성되기만 기다리던 주문자들은 목이 기린처럼 길어지고 말았지.

낙하산 하늘로 날아오르는 것 못지않게 중요한 건 하늘에서 땅으로 안전하게 내려오는 거야. 다빈치는 이 부분을 놓치지 않고 고민했어. 공기의 저항을 이용한 낙하산을 발명한 거야. 요즘 낙하산처럼 둥글게 부푼 모양이 아니고 네모난 데다 끝이 뾰족한 피라미드 형태란 점이 달랐어.

다빈치보다 앞서 이탈리아 중부에 있는 도시 시에나의 한 장인도 낙하 장치를 구상했던 적이 있었어. 끝을 뾰족한 원뿔 모양으로 만들어서 마치 커다란 모자처럼 보였지. 아래 테두리에다 버팀대를 열십자로 가로질러서 버팀대 중간 부분을 붙잡고 뛰어내리는 거지.

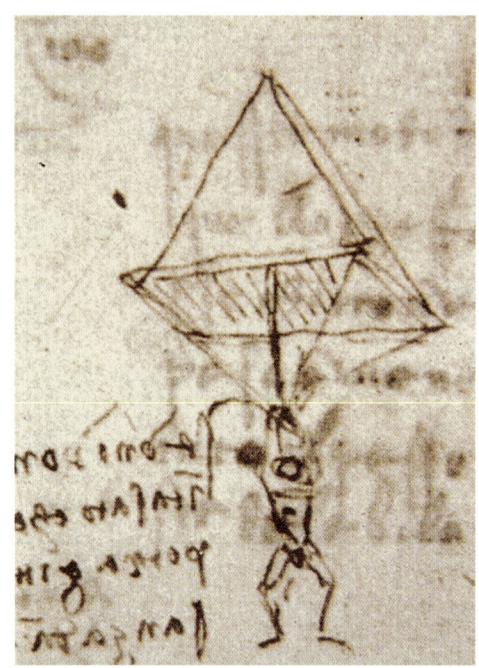 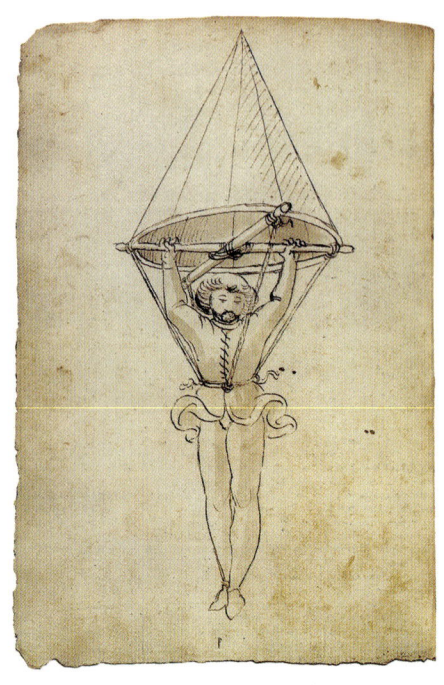

다빈치의 낙하산은 피라미드처럼 생겼고, 시에나 장인의 낙하산은 어릿광대 모자처럼 생겼다.

시에나의 장인이 모자 낙하산을 제작해서 실험해 보았는지는 알 수 없어. 그렇다면 다빈치는 자신이 연구한 낙하산을 실제로 만들어 실험을 해 보았던 걸까? 낙하산 그림 옆에다 다빈치는 '낙하산 피라미드의 아랫변 길이와 높이를 각각 7.2미터로 하고 돛폭 천으로 덮으면 아무리 높은 곳에서 뛰어내려도 부상 없이 착지할 수 있다.'라고 적어 두었지. 사용 설명서를 덧붙여 둔 셈이야.

다빈치 역시 시에나의 장인처럼 낙하산을 구상만 했던 것 같아. 누가 아이디어를 훔쳐서 다른 곳에다 써먹을까 봐 걱정이 되어서 그랬을까? 안전 규정을 지키지 않고 낙하산을 타다가 다치는 사람이 나올까 봐 그랬을지도 몰라. 만약 다빈치가 실제로 낙하산을 만들어서 실험했다면 소문이 금세 퍼져서 순식간에 유명세를 탔을 거야. 그런 일이 벌어지지 않았다는 것만 보아도 낙하산은 구상 단계에서 벗어나지 못했던 것 같아.

그런데 수백 년이 지난 2000년에 고공 낙하 전문가인 아드리안 니콜라스가 실험을 했어. 다빈치가 살던 시대에 흔히 구할 수 있는 나무와 천 같은 재료를 사용해서 다빈치의 낙하산을 만들어 본 거야. 단단한 나무로 뼈대를 짜고, 돛폭으로 사용하는 아마천을 씌웠더니 무게가 무려 85킬로그램이나 나갔대.

아드리안 니콜라스는 북아프리카의 인가가 없는 지역을 골라서 실험을 진행하기로 했어. 일단 하늘에서 뛰어내려야 하니까 열기구를 타고 지상 3500미터 고공으로 올라갔어. 열기구 풍선 아래에는 다빈치의 낙하산을 매달아 두었지.

열기구를 떼어 내고 낙하산으로 자유 낙하를 시작했을 때 아드리안 니콜라스는 깜짝 놀라고 말았어. 낙하산에 매달려 있는데도 거의 흔들리지 않고 아주 부드럽게 내려왔기 때문이야. 이윽고 지상 500미터 지점에 이르자 아드리안 니콜라스는 다빈치의 낙하산을 버리고 등에 지고 있던 현대식 낙하산으로 무사히 착지했지.

왜 그랬을까? 다빈치의 낙하산은 틀이 무거운 나무로 만들어져 있어서 자칫 나무에 부딪히면 머리를 다칠 수 있었기 때문이야. 이건 다빈치도 낙하산을 구상하면서 미처 생각지 못한 부분일 거야. 아무리 하늘에서 무사하게 내려오더라도 땅에 닿는 순간 머리를 다쳐서 뇌진탕으로 쓰러지면 말짱 꽝이잖아?

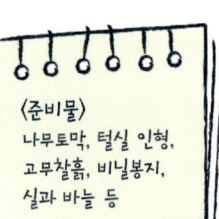

〈준비물〉
나무토막, 털실 인형,
고무찰흙, 비닐봉지,
실과 바늘 등

바람을 가르는 낙하산 부대

이제 실험으로 들어갈까? 낙하산의 원리는 간단한 실험으로 파악할 수 있어.

낙하산 부대 정예 요원, 털실 인형!

사람이 직접 매달리는 대신에 나무토막이나 털실 인형을 미니 낙하산에 매다는 거야. 그러면 위험을 피할 수 있지.

일단 낙하산에 매다는 물체가 너무 가벼우면 곤란해. 그렇다고 쇳덩이처럼 무거워도 안 되겠지. 일단 가벼운 걸로 시작한 다음 풍선껌이나 고무찰흙을 떼어 붙여서 중량을 조금씩 늘려 가는 방법이 좋겠군. 풍선껌을 우습게 보면 안 돼. 접착력이 얼마나 우수한지 몰라.

낙하산을 만들어 실험해 보자!

낙하산은 네모난 보자기로 만들 수 있어. 두꺼운 보자기보다 얇은 게 낫겠지. 커튼이나 이불보도 괜찮기는 하지만 나중에 불호령이 떨어질지도 몰라. 차라리 과일 가게에서 주는 비닐봉지를 네모나게 잘라서 쓰는 게 마음 편하겠어.

낙하산에 인형을 매달려면 실과 바늘이 필요해. 네모난 낙하산 천 모서리에 똑같은 길이로 자른 실 네 가닥을 각각 꿰어서 묶는 거야. 네 가닥의 실은 인형의 몸통과도 연결해야 해.

직접 만든
미니 낙하산

베란다에서
떨어지는 낙하산

낙하산을 살려 주는 공기 저항!

이제 옥상으로 올라가서 투척 준비를 할 차례야. 옥상이 너무 높으면 베란다나 계단 난간도 상관없어. 그렇다고 사람들이 다니는 길가에 낙하산을 던지는 건 삼가해 줘. 애꿎은 행인은 무슨 죄야? 낙하산을 다시 거둬 오려면 덤불이나 연못 같은 곳도 피해야겠지.

낙하산은 하강하면서 공기를 머금고 저절로 펴지게 되지. 떨어지는 동안 바람이 부는 대로 기우뚱거릴 수도 있어. 공기의 저항은 낙하산의 가장 중요한 원리야. 돌멩이를 떨어트리면 자유 낙하하지만, 낙하산은 공기의 저항 때문에 천천히 내려가지.

공기의 저항이 무슨 뜻인지 잘 이해가 안 간다면 이렇게 한번 생각해 볼까? 공기와 물이 비슷하다고 말이야. 가령 배를 타고 노를 젓는 장면을 생각해 봐. 물살을 헤치고 노를 저어서 배를 움직이려면 꽤 힘이 들지. 넓적한 노를 이용해서 물살을 옆으로 밀어내야 하기 때문이야. 낙하산도 같은 원리야. 낙하산 보자기가 내려가면서 아래에 있던 공기를 옆으로 밀어내는 거지. 낙하산 보자기가 커질수록 내려가는 속도가 더욱 느려지는데, 이건 보자기 안의 있는 공기 저항도 마찬가지로 커지기 때문이야.

실제 스카이다이버가 사용하는 낙하산은 재료의 무게도 가볍지만 크기도 어마어마하게 크지. 그래야 안전한 속도로 내려올 수 있을 테니까. 낙하산이 가벼워야 하는 까닭은 간단해. 어깨에 멜 수 있고, 또 착지할 때 낙하산 무게에 눌려서 다치지 않으려면 그래야겠지. 최초의 현대식 낙하산은 비단으로 만들었어. 그러다가 나일론으로 대체되었는데 요즘은 가볍고 안 찢어지는 특수 원단을 사용하지.

다빈치와 시에나의 장인은 무슨 계기로 낙하산을 구상했을까? 아마 자연을 관찰하다가 생각나지 않았나 싶어.

식물의 씨앗 가운데 솜털이 붙어 있어서 멀리 날아가는 것들이 있잖아? 바람에 몸을 맡기고 두루두루 종족을 퍼트리고 싹을 틔우기 위한 식물의 지혜라고 할 수 있지.

솜털에 씨앗이 붙어 있는 민들레 씨앗은 그야말로 낙하산 씨앗이라고 불러도 좋을 것 같아. 민들레 꽃씨를 입에 가까이 대고 훅 하고 불면, 하얀 솜털 씨앗들이 사방팔방으로 흩어지지. 용감한 낙하산 중대가 "돌격 앞으로!" 하는 것 같아. 이듬해 봄이 되면 노란 민들레꽃이 지천으로 피겠지.

민들레 꽃씨 불기

헬리콥터 민들레 씨앗과는 다르게 생겼지만, 바람을 타고 날아서 퍼지는 또 다른 씨앗이 있어. 가령 단풍나무 씨앗은 날개 한 쌍이 달려있어서, 나무에서 떨어진 씨앗은 프로펠러가 달린 것처럼 뱅글뱅글 돌아가면서 바람을 타지.

가을바람이 휘잉 불어오면 단풍나무에서 씨앗들이 새카맣게 떨어지는 걸 볼 수 있어. 뱅글뱅글 돌아가는 프로펠러 때문에 씨앗들이 어지럽지 않을까 몰라. 씨앗들은 대부분 단풍나무 바로 아래에 떨어지지만 세찬 바람을 타고 제법 멀리 날아가는 씨앗도 있어. 단풍나무 씨앗에 붙어 있는 한 쌍의 프로펠러가 톡톡히 제 역할을 하는 거지. 헬리콥터의 프로펠러와 쏙 빼닮았지 뭐야.

레오나르도 다빈치가
발명한 헬리콥터

뛰어난 관찰력을 가졌던 다빈치는 숲속의 단풍나무 씨앗 하나도 허투루 보아 넘기지 않았어. 씨앗의 회전 원리를 잘 보고 그걸 이용해서 새로운 기계 장치를 고안한 거야. 씨앗은 위에서 아래로 떨어지지만, 프로펠러를 반대 방향으로 돌린다면 아래에서 위로 날아오를 수 있을 거라는 데 생각이 미친 거지. 다빈치의 헬리콥터는 이렇게 발명되었어.

헬리콥터는 나선형을 뜻하는 '헬릭스'와 날개를 뜻하는 '프테론'을 붙여서 만든 합성어야. 오늘날에도 회전 날개를 가지고 수직 상승하는 비행 기계를 헬리콥터라고 부르고 있지.

다빈치의 헬리콥터는 나선형 쇠틀에다 아마천을 붙여서 만들었어. 다빈치는 또 헬리콥터의 재료와 제작 방법에 대해 친절하게 기록을 남겨 두었는데, 아래쪽 발판 위에 장정 네 사람이 올라타서 날개와 연결된 지렛대를 힘껏 밀어서 동력을 발생시킨다는 원리였어.

그런데 여기에는 치명적인 문제가 있었어. 다빈치가 인간의 체력을 너무 과대평가했던 거야. 헬리콥터 자체의 무게가 만만치 않은 데다 장정 네 사람의 몸무게까지 더해졌으니 황소보다 더 기운 센 사람이 달려들어도 이런 괴물을 하늘에 띄우기란 애당초 불가능했지. 하지만 실패는 어디까지나 재료의 취약성 탓이지, 다빈치의 이론이 잘못되었다는 건 아니야.

우리는 마르틴에게 이 문제에 대해서 물어보기로 했어. 마르틴은 헬리콥터 조종사야.

　마르틴의 설명에 따르면 다빈치의 헬리콥터를 만약에 가벼운 재료로 만든다면 충분히 뜰 수 있을 거라고 해. 그러나 날아가지는 못하고 잠시 공중에 떴다가 다시 내려앉는다는 거야.

　오늘날의 헬리콥터와 비교하면 그 이유를 간단히 알 수 있지. 마르틴의 헬리콥터를 보면 올챙이처럼 생긴 몸통 위로 회전 날개가 달렸는데, 경사가 약간 기울어져 있어. 그리고 올챙이 꼬리 옆에도 작은 회전 날개가 하나 붙어 있지. 다빈치의 헬리콥터는 이런 장치가 없었으니 단순히 제자리에서 올라갔다 도로 내려오는 것 말고는 어떤 목적지를 향해서 날아가는 게 불가능했을 거야. 요즘은 회전 날개도 두 개짜리, 세 개짜리, 네 개짜리가 있는데 날개가 많을수록 힘이 좋다고 해.

헬리콥터 앞에서
포즈를 취한
조종사 마르틴

〈준비물〉
종이, 가위, 자, 연필

종이로 프로펠러를 만들기로 해. 진짜 돌아가는 거야. 물론 날아오르지는 못하고 위에서 아래로 빙글빙글 돌면서 낙하만 하지. 계단에서 살짝 떨어트리면 바람개비처럼 저절로 돌아가는 초간단 회전 날개야.

우선 종이를 세로로 길게 잘라야 해. 왼쪽 그림에서 보이는 것처럼 길쭉하게 잘라 낸 종이의 아래쪽 반은 자를 이용해서 세로로 삼등분하여 점선을 그리고, 위쪽에는 이등분하는 거야. 그 다음에 가위를 가지고 중간 부분을 삼각형 모양으로 잘라 내고, 위쪽 이등분해 둔 부분을 가로로 잘라 두어야 해.

위쪽을 접을 차례야. 여기서 이등분한 부분을 서로 반대 방향으로 접는 게 요령이야. 이게 프로펠러의 날개가 되는 거지. 날개 부분은 반듯하게 직각을 이루어도 좋고 엇비슷하게 접어도 괜찮아.

이제 날개를 약간 휘거나 끄트머리를 비틀어 보기도 하면서 어떻게 해야 종이 프로펠러가 가장 천천히 낙하하는지 실험해 보는 거야. 친구들끼리 누가 잘 만들었나 내기를 해도 재미나겠지.

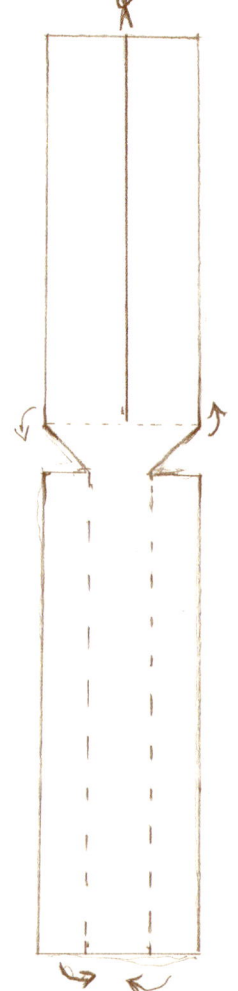

1

종이로
헬리콥터 날개 접기

지금으로부터 2500년 전에 중국에서도 비행 물체를 발명했어. 오늘날 헬리콥터와 거의 비슷한 구조였는데, 공중으로 날릴 수 있었대. 비행 물체는 아주 간단하게 만들 수 있었어. 가느다란 나뭇가지 양쪽 끝에다 새의 깃털을 비슷한 길이로 하나씩 묶어서 고정시킨 게 전부야. 그걸 두 손바닥 사이에 끼우고 재빨리 비벼서 회전시키다가 탁 놓으면 순식간에 하늘로 날아오르곤 했지.

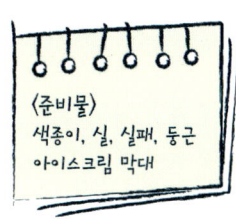

이제 본격적으로 헬리콥터 만들기에 도전해 보기로 해. 어렵지 않아. 왼쪽 그림처럼 색종이를 자르고 점선에 맞춰서 위아래 방향으로 어긋나게 접어 주는 거야. 색종이에 자를 갖다 붙이고 접으면 깔끔하게 접히지. 이렇게 하면 프로펠러가 완성되는 거야.

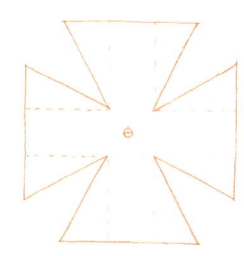

프로펠러의 정중앙에 구멍을 뚫어서 둥근 막대를 세로로 고정시키도록 해. 단단한 아교풀*이나 실리콘 총을 사용하면 단단하게 붙지. 둥근 막대는 프로펠러의 축이 되는 거야. 프로펠러축의 허리에다 실을 돌려서 감는데, 주의할 점은 시계 반대 방향으로 감아야 한다는 거지. 그리고 실패를 세로로 세워서 실패 구멍에 프로펠러축을 끼우면 헬리콥터는 이륙 준비 완료야. 한 손으로 실패 몸통을 꽉 붙잡고, 다른 손으로 실을 쫙 잡아당기면 헬리콥터가 붕붕 날아오르지.

* 아교풀
짐승의 가죽, 힘줄, 뼈 따위를 진하게 고아서 굳힌 풀.

헬리콥터 만들기

박씨

중국인들은 넝쿨을 타고 오르는 조롱박의 씨앗을 보고 영감을 얻었을 거야. 박씨는 나비처럼 커다란 날개를 달고 있어서 무척 멀리 날아가지. 얇고 투명한 날개는 길이가 15센티미터나 되거든. 그리고 약간 굽어 있어서 바람을 제대로 타면 10킬로미터는 거뜬하대. 박씨가 날아가는 걸 보고 깃털 비행기를 만들었을 텐데, 말 그대로 깃털만 이어붙인 비행 물체야. 그래서 자연은 발명의 어머니라고 부르나 봐.

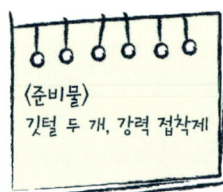
〈준비물〉
깃털 두 개, 강력 접착제

깃털 비행기를 만들어 볼까? 아주 간단해. 우선 굽은 모양과 길이가 비슷한 깃털이 두 개 있어야 해. 대칭을 이루어야 하니까 왼쪽 오른쪽 날개에서 하나씩 찾아야지. 깃털 뿌리를 맞붙이려면 강력 접착제가 필요할 거야. 접착 부분이 단단하게 굳으면 깃털 비행기가 완성된 거지.

깃털 비행기를 날려 보면 얼마나 근사하게 나는지 깜짝 놀랄걸? 여기서 조금 응용을 해 보자. 깃털 비행기 뒤에 꼬리 날개를 하나 붙여 보면 어떨까?

꼬리 날개로 사용할 깃털은 짧게 잘라 줘야 해. 그리고 깃털 비행기의 가운데에다 강력 접착제로 고정시키는 거야. 꼬리 날개는 방향타 역할을 하지. 꼬리를 하나 달았을 뿐인데, 거의 비행기 꼴이 나는 군. 꼬리가 붙은 깃털 비행기는 꼬리가 없는 것과 전혀 다르게 날지. 어떤 차이가 있는지 잘 관찰해 봐.

깃털 비행기는 깃털의 크기와 종류에 따라서 나는 모습이 달라

중국의
깃털 여행기

져. 다양한 크기와 종류의 깃털을 사용해 보면, 비행의 원리에 대해 점점 많은 지식을 쌓을 수 있을 거야. 최고와 최악의 깃털 비행기를 가리는 내기를 해도 재미나겠지.

비행 기계　다빈치는 밀라노에서 많은 발명을 쏟아 냈어. 비행 기계, 낙하산, 헬리콥터가 모두 밀라노에 살던 시기에 탄생했지. 비행 기계도 하나가 아니었어. 다빈치가 직접 그림을 그리고 기록한 수기 노트를 보면 기상천외한 구조의 비행 기계들이 수없이 나오지.

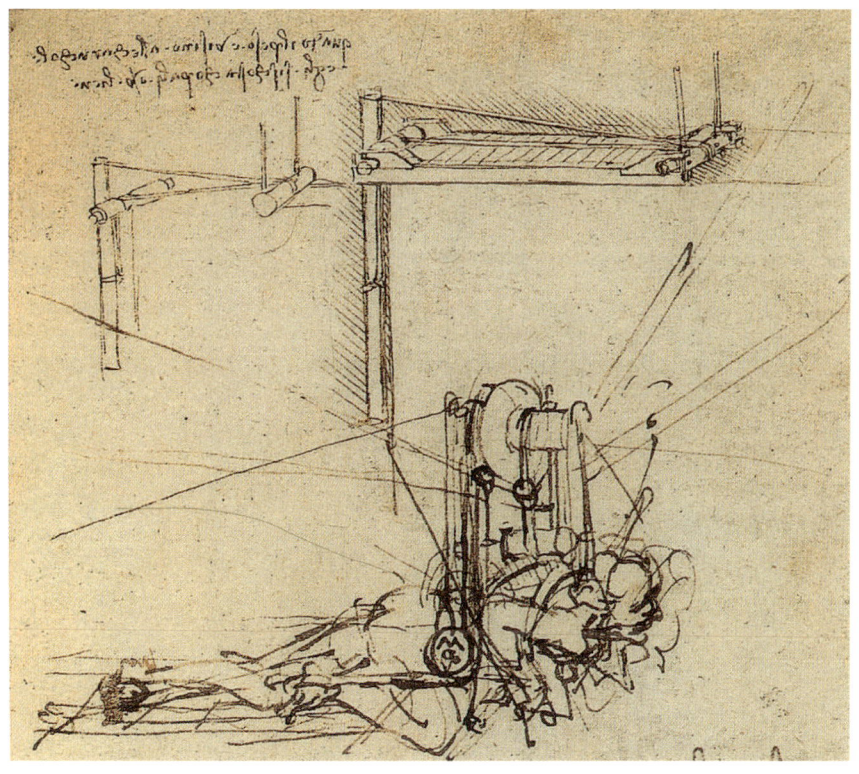

엎드려서
나는 조종사

날개의 구조와 구동 원리에 대해서 연구하던 다빈치는 인간의 팔과 어깨 힘만 가지곤 공중으로 날아오르기 벅차다는 사실을 깨달았어. 그래서 다리 힘을 빌리기로 했지.(51쪽 그림을 다시 봐 줘.)

비행 기계를 움직이게 하면서 동시에 앞을 관찰해야 하니까 조종사는 자연히 배를 깔고 누운 자세로 페달을 굴려야 했어. 엎드려서 자전거를 타는 형국이지 뭐야. 두 팔은 날개의 각도를 조정하느라 바빠. 엎드려서 타는 비행 기계는 날개가 둘 아니면 넷이었을 거야. 다빈치의 스케치만 가지고는 정확하게 알 수가 없어.

다빈치의 또 다른 수기 노트에는 이런 기록도 남아 있어.

'호수 위를 비행할 때는 추락에 대비해야 한다. 호수에 추락하면 조종사가 익사할 우려가 있으니 바람을 불어넣어서 부풀린 가축 창자를 몸에 두르고 있는 것이 좋겠다.'

이런 것까지 신경 쓰다니, 다빈치는 꽤 조심스러운 성격이었나 봐.

오른쪽 그림은 무얼 그린 걸까? 이것도 비행 기계라면 아마 믿지 않겠지? 도저히 날 것 같지 않지만 비행 기계가 맞아. 수직 이착륙이 가능한 비행 기계라면 더욱 놀라겠지?

몸을 구부렸다 폈다 하면서 기계를 움직이는 게 원리야. 다리로는 널뛰기를 하면서 아래쪽을 밀어내고 목과 머리로는 위쪽으로 들어 올리면서, 도르래를 가지고 바깥에 붙은 양쪽 날개를 움직이는 거야. 기계 안에 사람 한 명이 들어가 있는 게 보이지? 혼자서 북 치고 장구 치고 다 하고 있어. 그렇지만 제 몸무게에다 비행 기계의 무게까지 더한 엄청난 중량을 무릎과 목 근육만 가지고 날아올라야 하니까 지구

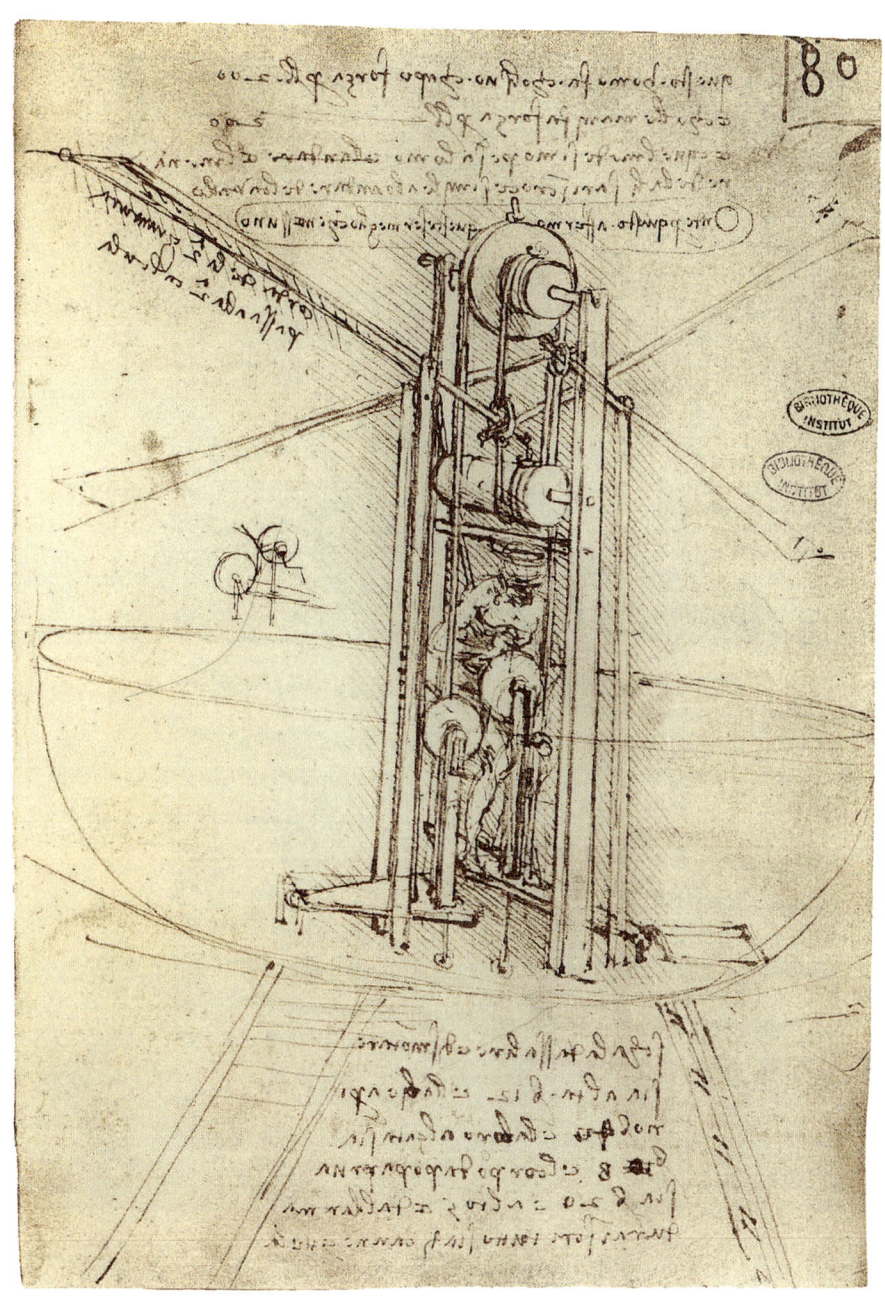

몸을 웅크리고 펴면서 나는 비행 기계

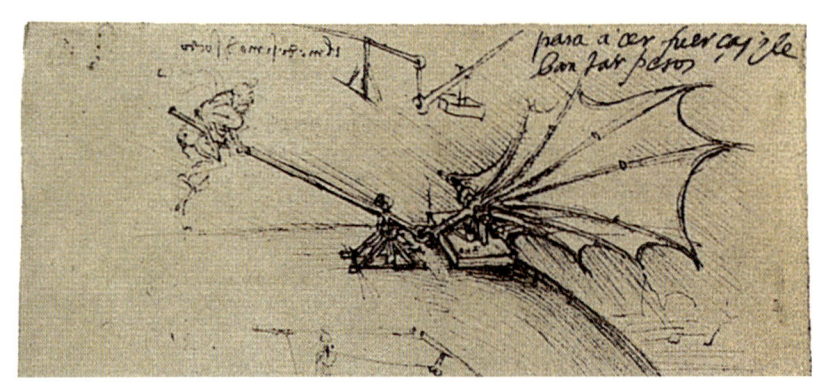

날개 동력 측정 장치

상에서 가장 힘센 운동선수를 데리고 와도 가능할지 모르겠네.

다빈치는 아울러 날개에 얼마나 힘을 가해야 비행 기계가 날아오를 수 있는지 실험해 보았어. 위에 있는 그림이야. 지렛대의 원리를 이용해서 날개가 필요로 하는 에너지를 측정한 거야. 날개는 뼈대 위에 아마천을 붙여서 만들었어. 실험자가 긴 지레 막대를 위아래로 움직이면 고정 장치에 연결된 날개도 위아래로 펄럭거리는 원리야. 실험자가 긴 지레 막대에 체중을 싣고 전력을 다해서 기운을 쓰는 모습이 꽤 진지해 보이는군.

55쪽 그림은 쌍엽식 비행 기계처럼 보이지만, 사실은 하나의 비행 기계를 두 차례 되풀이해서 그린 거야. 넓적하게 생긴 발판 아래 달린 건 이착륙할 때 충격을 줄여 주는 완충 장치지. 그림 위쪽은 장치가 접힌 상태이고, 아래는 장치를 펴서 내린 상태야. 완충 장치 아래에 바퀴가 달려 있어서 비행 기계가 이륙할 때 속력을 높이는 데에 도움이 되지. 이륙하고 나서 얼른 접어 두었다가 착륙할 때 다시 내려서 펴는 게 핵심이야.

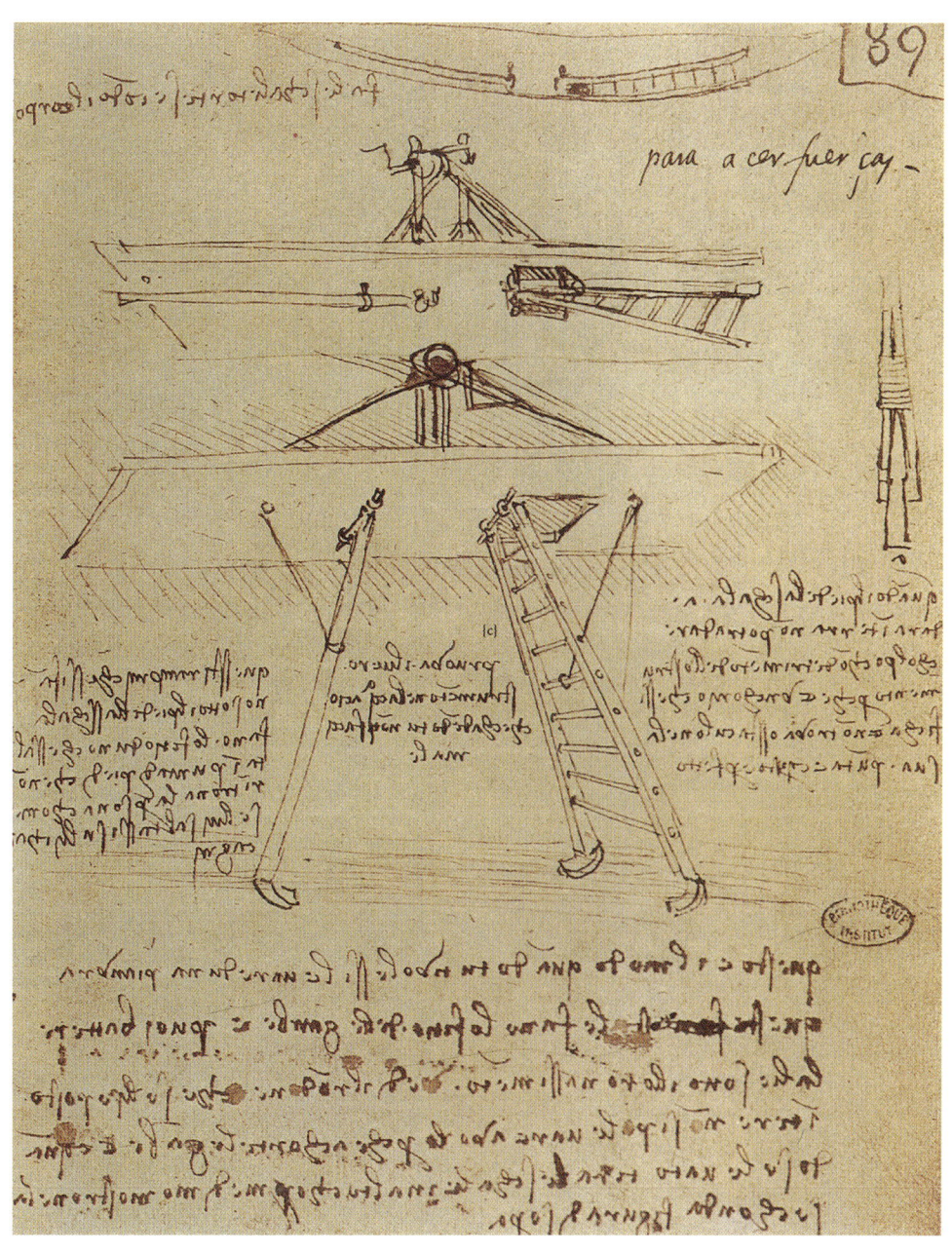

이착륙 완충 장치

다빈치의 발명품들은 오늘날 우리들이 보기엔 조금 어설프면서 엉뚱해. 어쨌거나 다빈치가 설계한 비행 기계, 헬리콥터, 수직 상승 장치들은 실제로 만들었어도 제대로 작동하지 않았을 거야. 그렇지만 자연 관찰을 통해서 얻은 다양한 지식으로 하늘을 나는 꿈을 실현시키려고 노력했다는 점에서, 레오나르도 다빈치의 발명품은 충분히 감동적이야. 다빈치는 언젠가 실현될 꿈을 포기하지 않았어. 죽을 때까지도 비행에 대한 희망을 버리지 않고 탐구를 계속했으니까.

4

하늘을 난 레오나르도 다빈치

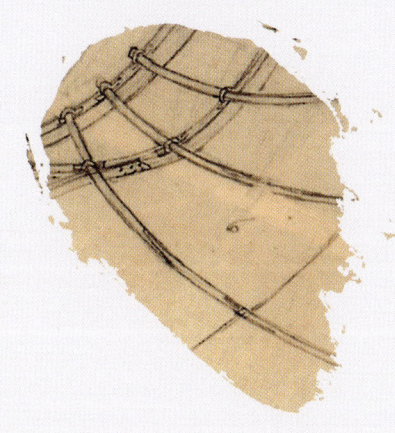

■ 수록 작품
레오나르도 다빈치 〈**모나리자**〉 1503년, 목판에 유화, 76.8×53.3cm, 파리 루브르 박물관 (60쪽)
레오나르도 다빈치의 〈**새의 비행**〉 스케치에서 부분 그림을 확대해서 다시 그린 그림 (61쪽)
레오나르도 다빈치 〈**새의 비행**〉 1506년경, 펜화, 토리노 왕립도서관 (62쪽)
레오나르도 다빈치 〈**비행 기계의 날개 구조**〉 1482년경, 펜화, 17.1×27cm, 코덱스 아틀란티쿠스, 밀라노 암브로시아나 도서관 (66쪽)

새들은 어떻게 날까? 프랑스 군대가 쳐들어와서 밀라노를 점령하자, 다빈치는 피렌체로 도망쳤어. 피렌체는 아직 안전한 편이었지. 여기서 그림 주문도 받고 이탈리아 여러 지역의 지도 제작에도 힘쓰면서 새로운 과제에 몰두했어. 우리에게도 잘 알려진 〈모나리자〉는 이 시기에 피렌체에서 그린 작품이야.

다빈치는 피렌체에만 머무르지 않고 여러 도시로 여행을 다녔어. 몇 해 뒤에는 밀라노도 방문했지. 여러 도시를 순회하면서 화려한 궁정 축제, 분수 쇼, 폭죽놀이 같은 걸 기획하거나 기념 건축물을 설계하는 작업을 책임지고 진행하게 되었어. 늦은 나이에 일복이 터진 셈이었지. 그러나 아무리 바빠도 자연에 대한 관심을 놓지 않았어.

자연은 언제나 다빈치의 스승이었어. 무엇보다 날아가는 새들을 보는 게 가장 큰 즐거움이었지. 화가들에게는 자연 관찰이 꼭 필요해. 그러나 다빈치는 분명한 목적을 가지고 새들의 비행을 관찰하고 체계적으로 연구했다는 게 다른 화가들과 달랐지. 어떻게 하면 인간도 새처럼 하늘을 훨훨 날 수 있을까? 그게 다빈치의 최대 관심사였어. 그래서 새를 스승으로 삼았던 거야.

다빈치는 심지어 새를 잡아서 해부하기도 했어. 해부를 하면서 해부도를 그렸는데, 거기엔 이런 관찰 기록이 적혀 있어.

'새의 날개 관절을 구부리면 관절에 난 엄지 깃털은 아래쪽의 손 깃털보다 더 크게 접힌다.'

그런데 '엄지 깃털'과 '손 깃털'은 도대체 무슨 말이래? 이건 새의 날개잖아? 그래, 다빈치는 새의 날개가 인간의 팔과 똑같다고 생각했어.

레오나르도 다빈치가 그린 〈모나리자〉

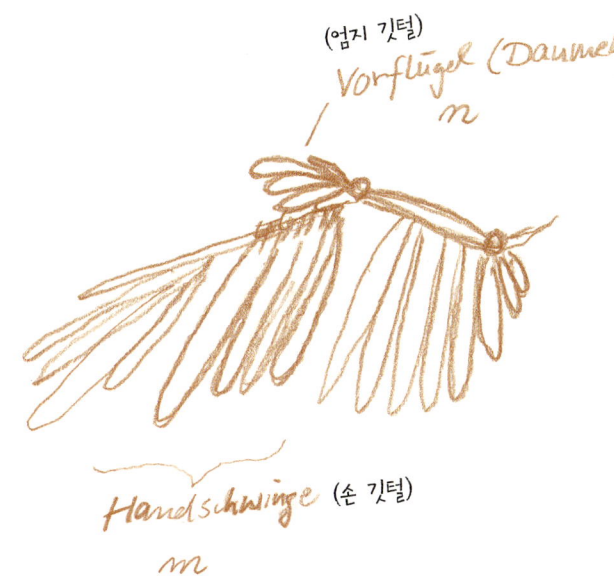

다빈치의 스케치가
너무 작아서, 알아볼 수 있게
크게 그렸어.

똑같이 뼈와 힘살로 이루어져 있고, 마음먹은 대로 움직인다는 점에서는 쏙 빼닮았지 뭐야. 날개에는 중간 관절이 있는데, 거기에 작은 깃털이 나 있다는 걸 관찰을 통해서 알게 된 거야. 이걸 다빈치는 '엄지 날개'라고 이름 붙였지. 엄지 날개는 새가 바람을 타고 날다가 방향을 왼쪽이나 오른쪽으로 돌 때 방향타 역할을 해.

다빈치는 새의 비행을 관찰하고 많은 스케치와 기록을 덧붙였어. 깨알만 한 글씨로 작은 종이에 적어 놓은 기록들은 '새들의 비행'에 관한 흥미진진한 내용들로 채워져 있지. 다빈치는 아마 그걸 책으로 펴내고 싶었던가 봐.

어떤 노트는 쪽수를 적어 놓았어. 앞에서 뒤로 가면서 차례대로 번호를 매겼는데, 글을 뒤에서부터 쓰기 시작한 거야. 왜 순서를 뒤집었

새들의 비행

는지는 수수께끼지. 맨 뒷장부터 읽어야 뜻이 통하니까 마지막 장이 첫 장이 되는 셈이야. 오른손으로 노트를 쥐고 왼손으로 낱장을 넘기면서 읽어야 해.

다빈치의 노트에는 새가 날아다니는 모습이 다양하게 그려져 있어. 새의 비행 장면을 관찰하면서 다빈치는 비행 기계를 어떻게 설계하고 조립할지 궁리했을 거야. 새들은 수억 년 전부터 적응해 왔을 테지. 바람을 타거나 바람을 거스르면서 바람을 이용하는 비행 방식에 말이야.

바람을 거스르는 건 공기의 저항을 이용하는 방식이지. 공기의 저항이라면 앞서 낙하산의 원리에 대해서 배울 때 다루었어. 기억나?(42쪽) 낙하산이 우산처럼 활짝 펼쳐지면 그 안에 들어 있는 공기의 저항이 마치 제어 장치처럼 작동해서 떨어지는 낙하산의 속도를 늦추어 주었지. 배를 저을 때 노를 저으면 물살이 저항을 일으켜서 그 반동력으로 배가 나아가는 비유도 들었지.

물이 그런 것처럼 공기도 무게가 있어. 가령 풍선이 하늘에 뜨는 건 바로 그런 이유 때문이지. 풍선에 가스 대신 공기를 불어넣으면 절대로 뜨지 않아. 풍선 안에 있는 헬륨가스는 공기보다 무게가 가볍기 때문에 나무토막이 물에 뜨는 것처럼 공기를 밀어내고 위로 날아오르는 거지. 그건 헬륨가스의 무게와 공기의 무게가 다르다는 확실한 증거로 볼 수 있겠지?

헬륨 가스를 넣은 풍선

꼭 헬륨 가스를 넣어야 뜨는 건 아니야. 공기를 데워도 마찬가지 효과를 낼 수 있어. 공기를 뜨겁게 가열하면 같은 부피에서 공기의 무게가 크게 줄어들지. 커다란 열기구가 하늘로 올라가는 것도 같은 원리야. 풍선 안에 있는 공기를 데워 주면 위로 뜨고, 공기가 식으면 열기구는 다시 아래로 내려오지. 열을 이용해서 돌리는 바람개비 모형도 마찬가지야. 바람개비를 수직으로 세우고 아래서 촛불을 켜면 뜨거운 공기가 위로 올라가면서 바람개비를 돌리는 거야.

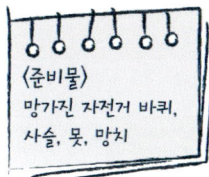

〈준비물〉
망가진 자전거 바퀴,
사슬, 못, 망치

뜨거운 불로 공기를 데우지 않아도 바람개비를 돌릴 수는 없을까? 꼭 바람개비가 아니어도 공중에 매달린 물건을 돌리는 건 그리 어렵지 않아. 혹시 모빌이란 거 알아? 그래, 아기 침대 위에 빙글빙글 돌아가는 모빌 말이야. 모빌은 '움직인다'는 뜻인데, 상하 좌우의 완전한 균형을 맞추어서 공중에 매달아 놓은 장치를 가리키지. 작은 모빌

**자전거 바퀴로 만든
거실 샹들리에**

도 있지만, 폭이 몇 미터나 되는 커다란 모빌도 있어. 부드러운 산들바람만 불어도 모빌은 움직이기 시작하지. 공기의 흐름이 조금만 변해도 모빌의 균형 상태가 바뀌기 때문이야.

모빌의 형태를 본떠서 샹들리에를 하나 만들어 보기로 해. 값비싼 크리스털 샹들리에 대신에 주변에서 쉽게 구할 수 있는 재료를 활용하는 거야.

망가진 자전거 바퀴가 어떨까? 우선 바퀴에서 타이어를 제거하고 철제 휠을 깨끗이 닦아야 해. 기름때가 덕지덕지 묻은 샹들리에는 뭔가 어울리지 않잖아? 휠 중앙의 바퀴 축과 베어링을 제거하고 알전구를 끼울 수 있는 소켓을 장착한 뒤에 전선을 연결해 두어야 하겠지.

그리고 철물점에서 가는 사슬을 4미터 정도 구해야 해. 1미터짜리 네 개로 잘라 달라고 하면 철물점 아저씨가 뚝딱 잘라 주실 거야.

사슬을 고정시키려면 휠에 구멍을 뚫어야지. 휠을 눕힌 다음 동서남북 네 곳에 대못을 대고 망치를 후려치면 구멍이 안 뚫리고 배기겠어? 거기에 미리 준비해 둔 1미터짜리 사슬을 연결하면 큰 뼈대는 완성된 셈이야.

거실 천정에 고리를 박고 자전거 휠 샹들리에를 매달기 전에 엄마의 허락을 받는 걸 잊어서는 안 돼. 집안 꼴이 이게 뭐냐고 빨간 고무장갑으로 얻어맞을 수도 있으니까. 이제 모빌을 장착하고 우리의 실용적이면서 아름다운 예술 작품을 마무리할 차례야. 깃털 날개나 모형 비행기 그리고 서랍 속에 있던 예쁜 것들을 자전거 휠에 매다는 거지.

레오나르도 다빈치의 비행 기계 이야기로 다시 돌아갈 시간이야. 새의 비행에 대해서 기록한 노트를 보면, 처음부터 끝까지 새에 대한 이야기뿐이야. 그런데 다빈치는 자신이 구상한 비행 기계를 '새'라고 불렀어. 그래서 '새'가 하늘을 나는 새를 말하는지, 다빈치가 발명한 비행 기계를 가리키는지 아무리 읽어도 구분이 안 된다는 게 문제야. 한 가지 분명한 건, 다빈치는 하늘을 나는 새를 보며 얻은 지식으로 하늘을 날 수 있는 기계 장치를 발명할 수 있다고 확신했다는 거야.

비행 기계는 어디까지나 새를 본보기로 삼아야 한다는 점이 중요했어. 하지만 다빈치는 새의 깃털을 흉내 내서는 인간이 결코 하늘을 날 수 없다는 걸 깨달았어. 그리고 가장 이상적인 비행 모델은 박쥐라는 결론에 도달했지. 깃털 대신에 피부와 뼈대로 이루어진 박쥐의 날개 구조야말로 인간을 위한 비행 기계의 본보기가 되어야 한다는 거였어.

박쥐 날개의 장점은 힘이 덜 든다는 점이야. 새는 가슴과 어깨 근육이 발달해서 자유롭게 날갯짓을 하지만, 인간의 상체와 팔 근육으로는 어림도 없었지. 다빈치는 해부학을 공부하면서 문제점을 정확히 파악하고 있었어. 팔 힘으로 모자라면 다리 힘을 빌리는 거야. 팔과 다리를 같이 쓰면서 날갯짓을 하는 비행 기계를 고안하게 된 데는 이런 고심의 과정이 있었지. 다빈치가 밀라노에 머물렀을 때 발명했던 날개 동력 측정 장치 생각나?(54쪽 그림을 다시 보자.) 그것도 사실은 박쥐 날개를 보고 제작한 거였어. 지렛대로 움직이는 측정 장치의 뼈대도 박쥐의 날개 관절처럼 순차적으로 굽어지게 만들었어.

66쪽 그림은 비행 기계의 날개 구조를 보여 주고 있어. 전체를 다

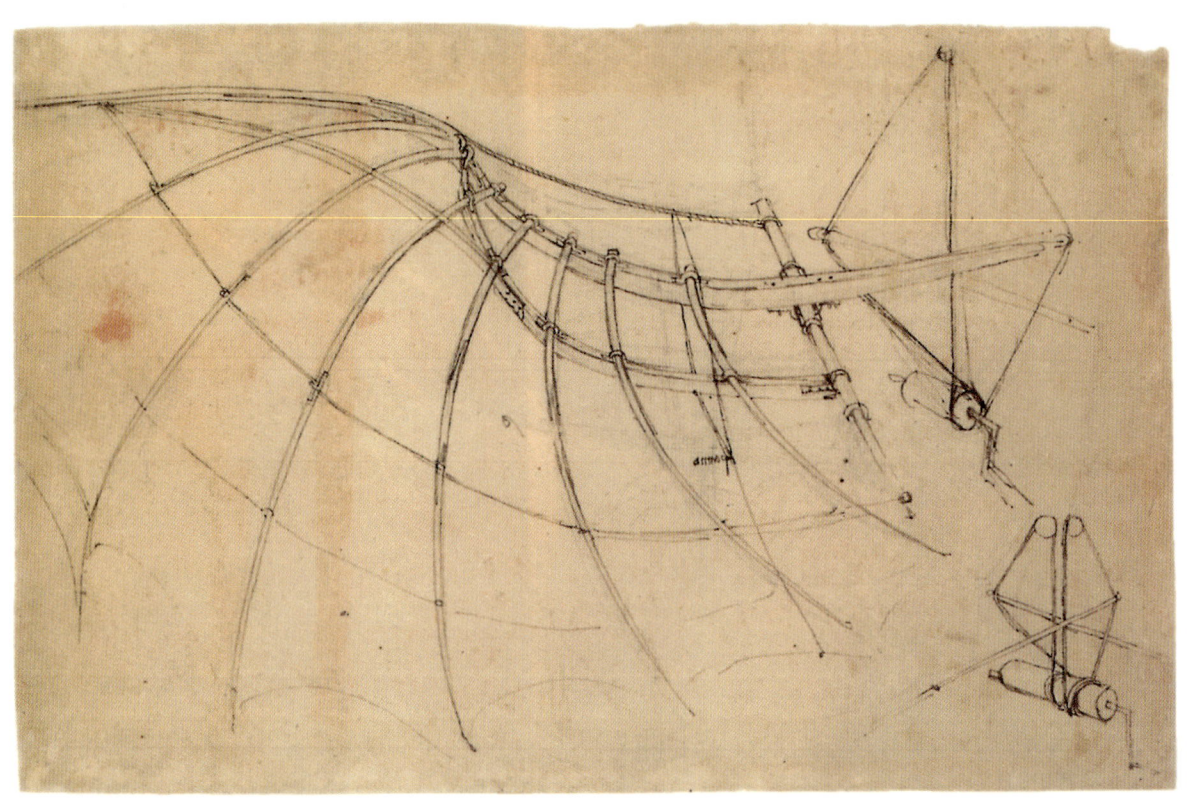

비행 기계의 날개 구조

그리지 않고 일부분만 그렸어. 다빈치는 항상 이런 식이야. 그 대신 깨알같은 글씨로 구조와 작동 방식에 대해서 자세히 설명을 달아 놓지. 팔과 다리를 두는 위치, 작동 원리 같은 걸 말이야. 팔보다는 다리 힘을 더 쓰는 게 특징이지.

다빈치는 비행 기계를 제작할 때 어떤 재료를 사용해야 하는지 자세히 설명해 두었어. 그리고 시험 비행 장소도 언급해 두었지. 피렌체 인근 피에솔레라는 곳인데, 높은 산 한쪽에 가파른 낭떠러지가 있어서 안성맞춤이었어. 후대에 다빈치가 직접 비행 기계를 타고 뛰어내렸다는 소문이 돌았지. 정말 그랬는지는 아무도 몰라. 소문 가운데는 헛소문도 많은 법이니까.

우리는 다빈치가 발명한 비행 기계를 여러 개 보았어. 실제로는 본 것 말고도 훨씬 많아. 그런데 어떤 발명품이 먼저고 나중인지 구분하기가 쉽지 않은 게 문제야. 작성 연도가 적혀 있지 않거든. 심지어 새의 비행에 대한 노트를 펴내기 전에 비행 기계를 구성하고 설계했는지, 아니면 노트 작성 이후에 그 모든 발명을 쏟아 냈는지도 알 수가 없어. 아마 영원히 알 수 없을 거야.

2003년에 영국의 어떤 스포츠 비행 클럽에서 재미있는 실험을 진행했어. 르네상스 시대에 썼던 재료를 사용해서 레오나르도 다빈치의 설계를 충실하게 따른 비행 기계를 복원한 다음, 실제로 날 수 있는지 알아보기로 했대. 그런데 누구를 비행 기계에 태웠을까? 대담한 담력과 뛰어난 체력을 소유한 데다 될 수 있으면 체중이 아주 가벼운 사람이 적격이었겠지. 마침내 주디 리던이 실험 비행사로 뽑혔어. 날개 연에 올라타고 하늘을 나는 여자 스포츠 선수였지.

다빈치 비행 기계 실험 프로젝트의 결과는? 당연히 대성공이었어!

다빈치는 자신의 비행 기계를 실험했을까? 아마 뒷돈을 대 주는 후원자를 만났다면 비행 기계를 제작하는 데 어려움이 없었을 거야. 운동 신경이 뛰어나고 체력 조건이 좋은 실험자도 하나 구했어야 했겠지. 그런데 아무런 관련 기록이 없는 걸 보면 아마 비행 기계는 다빈치의 머릿속 구상과 설계에만 머물렀던 것 같아. 하늘을 나는 꿈은 지금으로부터 500년 전에는 결코 이루어질 수 없는 예술가의 망상이었지. 그러나 그건 더없이 창조적인 망상이었어.

떴다 떴다 비행기

다빈치는 설계를 실행하기에 앞서서 간단한 재료로 모형을 만들어 보았을 거야. 모형 비행기에는 사람이 안 타도 되니까 위험 부담이 없거든. 그리고 큰돈 안 들이고도 얼마든지 고치고 개선할 수 있다는 장점이 있지. 우리도 다빈치처럼 모형 비행기를 만들어 보면 어떨까?

종이비행기 만들기

깃털 두 개를 붙인 비행 물체는 먼저 만들어 보았으니까 이젠 종이비행기를 시도할까 해. 종이를 접어서 만드는 종이비행기는 접는 방식에 따라서 다양한 실험을 할 수 있어. 접기에 따라 빙글빙글 공중제비를 돌기도 하고 아주 멀리 날아가기도 해. 실험을 반복하면서 실패는 성공의 어머니라는 말의 의미를 이해하게 될 거야.

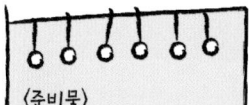

준비, 땅! 비행기 발사!

종이로 이번에는 발사 비행기를 만들기로 해. 발사 비행기는 발사 장치가 있어서 손으로 던져서 날리지 않고 발사하는 비행기야. 발사 비행기를 조립하려면 먼저 재료를 준비해야지. 준비물을 살펴보렴.

비즈 구슬은 구슬 꿰기를 할 때 쓰는 지름 5~8밀리미터 정도의 플라스틱 구슬인데, 가운데 실을 꿰는 구멍이 나 있지. 가위, 칼, 실리콘 총 그리고 철사를 구부릴 펜치도 필요해.

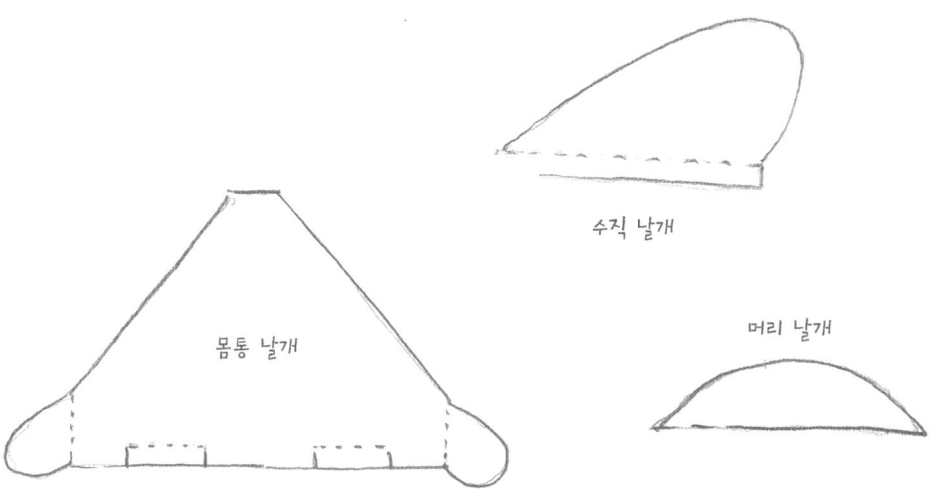

1. 우선 나무젓가락의 끝을 코르크 마개에 박아서 비행기의 뼈대를 만드는 거야. 코르크 마개에 작은 구멍을 뚫어 두면 쉽지. 젓가락이 코르크 마개를 완전히 관통해서 끄트머리가 앞으로 나와야 해. 코르크 마개 앞으로 튀어나온 나무젓가락은 끝에다 철사를 박고 끝을 구부려서 고리를 만들어 두지. 나중에 비행기를 발사할 때 고무줄을 거는 고리야.

지지대

2. 이제 마분지를 펴고 도안처럼 몸통 날개, 머리 날개, 수직 날개, 그리고 접합부를 연필로 그려서 재단한 다음에 가위로 자르는 거야. 몸통 날개는 젓가락에 수평으로 붙일 때 실리콘 총을 사용하면 편리하지. 수직 날개는 몸통 날개 중앙에 직각이 되게 세우고, 지지대도 직각으로 세워서 수직 날개와 맞붙이면 아주 단단하게 붙을 거야.

3. 그다음은 머리 날개를 붙일 차례야. 머리 날개는 비행기의 머리 부분에 박아 둔 코르크 마개의 앞쪽에 가로로 칼집을 낸 다음 거기에 끼워 넣고 실리콘으로 살짝 마무리해 둬. 머리 날개는 몸통 날개를 보조하면서 비행기의 수평을 잡아 주는 역할을 해.

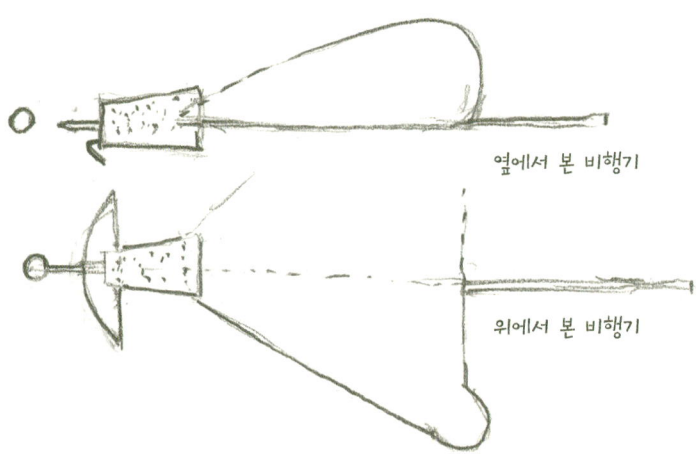
옆에서 본 비행기

위에서 본 비행기

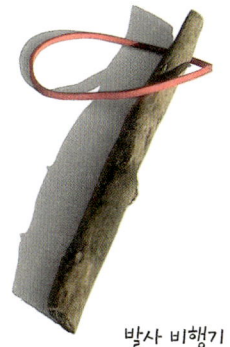

발사 비행기

4. 마지막으로 몸통 날개를 손볼 차례야. 몸통 날개를 코르크 마개에 단단히 고정시키려면 코르크 마개 뒤쪽에 가로로 칼집을 내야 해. 머리 날개를 고정시킬 때 했던 것처럼 칼집 속에 몸통 날개의 앞부분을 끼우고 실리콘을 발라 주는 거야. 마지막으로 아주 중요한 부분이 남았어. 몸통 날개는 좌우 양끝을 접어서 세우고, 도안에서처럼 몸통 날개 뒤쪽을 살짝 잘라서 반쯤 접어 올리는 거야. 그렇게 하면 비행기가 날아가면서 자연스럽게 양력*이 발생하지.

5. 발사 장치는 아주 간단해. 나뭇가지에도 철사 고리를 만들어서 고무줄을 묶어 두면 발사 장치는 완성이야. 고무줄을 비행기 머리에 있는 고리에 걸어서 잔뜩 당긴 다음에 놓으면 비행기가 발사되지. 무슨 말인지 모르겠으면 아래 그림을 봐. 아참, 또 하나를 빠트렸네. 비즈 구슬을 핀에 꿰어서 코르크 마개 맨 앞에 박는 걸 깜빡했군. 그렇게 하면 비행기가 엉뚱한 데 떨어져도 흙도 덜 묻고 보기도 좋잖아.

* 양력
공중에서 운동하는 물체에 운동 방향과 수직 방향으로 작용하는 힘.
비행기는 날개에서 생기는 이 힘에 의하여 날 수 있다.

어디까지 날아가는지 나랑 시합해 볼래?

계속되는 이카로스의 후예들

■ 수록 작품

⟨레오나르도 다빈치 초상화 또는 자화상⟩ 밤색 잉크, 33.3×21.3, 토리노 왕립도서관 (75쪽)

프란츠 게오르크 헤르만 ⟨날개를 달고 하늘을 나는 카스파르 모어⟩
바트 슈센리트 수도원 도서관의 천정 벽화, 1757년, 바덴뷔르템베르크 (77쪽)

⟨자전거 비행기를 타고 달리는 구스타프 메스너⟩ 사진, 키르헨테인스푸르트 구스타프 메스너 재단 (78쪽)

⟨구스타프 메스너의 비행 기계 디자인⟩ 혼합 재료, 키르헨테인스푸르트 구스타프 메스너 재단 (79~80쪽)

블라디미르 타틀린 ⟨레타틀린⟩ 1929~1932년에 발명, 1991년에 위르겐 슈테거가 설계도를 보고 복원.
물푸레나무, 두랄루민, 코르크, 가죽, 아마천, 낙하산 천 등을 재료로 사용, 대략 8×4m, 프랑크푸르트 항공기역사박물관 (83쪽)

헨드리크 홀치우스 ⟨이카로스⟩ 1588년, 동판화, 25.9×30.7cm (86쪽)

파나마렝코 ⟨까마귀 날개를 단 매트릭스⟩ 2000년, 폴리카보네이트와 알루미늄, 165×510×364cm, 스물다섯 대 한정 생산품 (87쪽)

한스외르크 포트 ⟨하늘 계단⟩ 1983~1987년, 진흙 벽돌, 높이 16m, 모로코, 사진 출처는 뮌헨 잉그리트 포트 암스링어 (89쪽)

콘라트 카이저 ⟨하늘을 나는 용⟩ 1405년, 벨리포르티스 (90쪽)

레오나르도 다빈치 ⟨날개 달린 용⟩ 1480년경, 은필화, 15.9×24.3cm, 원저 성 왕립도서관 (93쪽)

콘라트 하스 ⟨3단 로켓⟩ 1529~1569년, 펜화, 쿤스트부흐, 루마니아 시비우 시립문서보관소 (94쪽)

레오나르도 다빈치의 노년 다빈치는 이제 나이가 많이 들었어. 머리가 하얗게 세고 주름살투성이의 얼굴로 변했지. 다빈치가 발명한 비행 기계는 아주 가까운 친구들만 알고 있었어. 밀라노에서는 주로 병장기를 개발하고 지도를 제작하는 일을 맡았고, 가끔씩 궁정 축제를 지휘하기도 했어. 그 덕분에 이탈리아의 궁정 귀족들 사이에서 레오나르도 다빈치의 천재성이 널리 입소문을 타게 되었지.

그 당시 로마는 모든 예술가와 문필가 들이 모여드는 문화 중심지였어. 교황도 다빈치의 재능을 들어서 알고 있었대. 그래서 로마에 작업실을 마련해 주면서 초빙하기도 했어.

다빈치의 명성은 이탈리아를 넘어 프랑스까지 퍼져나갔어. 프랑스 국왕의 초청을 받은 다빈치는 1516년 앙부아즈에 있는 조그마한 클루 성으로 떠났어. 그곳에 머물면서 국왕의 연금을 받고 안락한 노후를 보내기로 한 거야. 프랑스는 늙고 병든 다빈치에게 마지막 안식처가 된 셈이지.

다빈치는 1519년 5월 2일 그곳에서 숨을 거두었어. 임종 순간에 프랑스 국왕이 그의 마지막을 지키며 예술의 천재를 위로했다는 말이 전해지고 있지. 지금도 클루 성에는 다빈치가 발명한 기계 장치들을 실물 복원해서 전시하고 있어.

노년의 레오나르도 다빈치

비행 기계들 다빈치 이후에도 엉뚱한 꿈을 꾸는 사람들이 있었어. 하늘을 나는 꿈 말이야. 꿈이 엉뚱한 만큼 대가를 톡톡히 치러야 했지. 팔다리가 부러지는 경우가 다반사였고 목뼈, 등뼈가 절단 나는 일도 있었대.

심지어 성직자 가운데도 그런 사람이 있었는데, 바트 슈센리트 출신인 카스파르 모어 신부가 대표적인 사례일 거야. 이 독일 신부는 신앙심도 돈독했지만, 과학자가 되었다면 더 유명해졌을 법한 인물이었지. 평소에도 손재주가 남달라서 성당에서 연주할 오르간을 손수 만들거나 목조 조각을 깎거나 그림 그리기까지 한마디로 팔방미인이었대. 그러던 어느 날 애꿎은 거위 털을 잔뜩 모아서는 마침내 순백의 천사 날개를 한 짝 만들어 낸 거야.

카스파르 모어 신부는 야심한 밤에 침실 창문을 열고 거위 털 날개를 짊어진 채 뛰어내렸어. 문제는 침실이 수도원 꼭대기 층이었다는 거였어. 수도원장이 허락할 리 없으니까 눈 딱 감고 야간 비행을 감행한 거야.

그런데 혹시 어디가 부러지거나 치명상을 입지는 않았을까? 기록을 보면 카스파르 모어 신부는 1625년에 천수를 다하고 눈을 감으셨다니까, 그날 밤 다쳤어도 크게 다치지는 않았나 봐.

그로부터 한 세기가 지난 뒤에 바트 슈센리트 수도원 천정에 벽화를 새로 그렸어. 그때 벽화에 카스파르 모어 신부가 거위 털 날개를 달고 하늘을 나는 모습을 그려 넣었대. 괴짜이긴 했지만, 담력만큼은 인정을 받은 셈이지.

직접 만든 날개를 달고 하늘을 나는 카스파르 모어 신부

자전거 페달 구동 방식의 비행기를 모는 구스타프 메스너

왼쪽 사진의 주인공은 구스타프 메스너야. 구스타프 메스너는 괴짜 신부처럼 바트 슈센리트 출신이야.

수도원 천정에서 하늘을 나는 카스파르 모어 신부가 그려진 벽화를 보고 깊은 감동을 받았나 봐. 20세기에 살았으니까 라이트 형제가 실제로 날 수 있는 비행기를 발명하고도 한참 지난 다음이지. 그런데 구스타프 메스너는 동력 장치를 장착한 비행기보다는 사람의 힘만 가지고 날 수 있는 비행기에 마음이 끌렸어.

오른쪽 그림은 구스타프 메스너가 고안한 비행 기계들이야. 바람을 타고 하늘로 올라가는 연이나 자유 비행하는 글라이더 같은 구조를 하고 있는데, 하나같이 사람이 올라타서 페달을 굴려야 해. 펼쳐진 날개 아래에 자전거가 한 대씩 달려 있는 걸 보면 알 수 있지.

이런 발명 스케치들을 수도 없이 그렸는데, 구스타프 메스너의 스케치북을 들여다보고 있으면, 우리도 재미난 비행 기계를 그릴 수 있을 것 같은 느낌이 들어. 날개에 자전거만 매달면 되니까 발명왕 되기는 식은 죽 먹기일 것 같아.

라우터탈의 이카로스라는 별명으로 불린 구스타프 메스너는 실제로 자전거를 매달고 하늘을 나는 데에는 실패했지만, 하늘에도 자전거 길

자전거 비행기

쌍엽식 자전거 비행기

을 내고야 말겠다는 그의 무모한 열정과 노력은 많은 사람들의 마음을 움직였어. 그가 남긴 스케치는 지금 슈베비셰 알프에 있는 부텐하우젠 박물관에 전시되어 있어.

달걀판 비행기

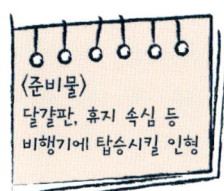
〈준비물〉
달걀판, 휴지 속심 등
비행기에 탑승시킬 인형

부텐하우젠 박물관까지 가긴 번거로우니까 이참에 우리도 비행기 박물관을 하나 만들어 보면 어떨까?

물론 생활 쓰레기나 잡동사니 폐품을 재활용해서 만드는 거지. 사실 무심코 버리는 생활 쓰레기 가운데는 재활용해도 좋을 재료들이 꽤 있지. 비행기 재료쯤은 문제도 아니야. 두루마리 휴지 속심, 달걀판, 칫솔, 찌그러진 장난감 상자, 구겨진 선물 포장지, 끊어진 빨랫줄, 다 쓴 볼펜, 요구르트 병이 모두 훌륭한 재료가 되거든.

달걀 10개가 들어가는 달걀판으로 비행기를 만들어 볼까? 깨끗하게 잘라 두면 비행기 동체로 손색이 없을 거야. 달걀 대신 탑승객이 들어간다고 생각하면 간단하지. 두루마리 휴지 속심을 세우고 그 위에다 두꺼운 포장지를 잘라서 만든 날개를 덮는 거야. 프로펠러를 얹으면 헬리콥터가 되겠지.

조종사가 앉을 자리는 프린터에 들어가는 잉크 카트리지를 쓰면 좋겠군. 그렇다면 조종간은 무얼 갖고 만든담? 그래, 전동 칫솔 버리는 게 있으면 딱이겠네. 위에 있는 그림처럼 말이야.

그렇지만 꼭 정답이 있는 게 아니니까 다들 쓰레기통을 뒤지면서 창의력을 발휘해 봐. 수성 펜 뚜껑이나 몽당연필로 조종간을 만들어도 나무랄 사람 없으니까 안심해도 좋아. 모로 가도 서울만 가면 되지 않겠어?

그나저나 조종석에 파일럿이 빠지면 곤란하겠지. 동생 장난감 통에서 꼬마 펭귄 뽀로로를 빌려 오든지, 문방구 앞 뽑기 인형을 앉히든지 그건 순전히 만든 사람 자유야. 비행기 앞머리에 유아용 젖꼭지나 플라스틱 요구르트 병을 붙이면 제법 본때가 날 거야. 그런데 비행기가 시원찮아서 날지 않을 것 같다고? 그건 신경 쓰지도 마. 모든 비행기는 반드시 날아야 한다는 편견을 버리면 마음이 무척 편해질 거야.

아니, 비행기를 좀더 쉽게 만들자고? 글쎄, 세상 너무 쉽게 살려는 거 아니야? 그래도 말이 나왔으니 초간단 비행기에 도전해 볼까?

이번엔 두루마리 휴지를 다 쓰고 남은 속심을 동체로 하는 거야. 심 하나로는 너무 짧으니까 두세 개를 테이프로 이어 붙이면 미끈한 비행기 동체가 되지. 테이프 붙이기도 귀찮다고? 진정한 게으름뱅이의 화신이로군. 그럼 기다란 키친타월 속심을 몸통으로 쓰는 수밖에. 정말 깨는군.

비행기 앞머리는 따로 만들어 붙일 것 없이 납작하게 발로 꽉 밟아. 조종석도 따로 만들 필요 없어. 동체에 구멍 하나 대충 잘라 내고 아무 인형이나 쑤셔 박는 거야. 서류 봉투를 반 접어서 날개로 하고, 뒤에다 마분지 조각 끼워 붙이면 꼬리 날개까지, 그럭저럭 있을 건 다 있네. 어쨌든 이것도 역시 날기는 어렵겠지? 짝퉁이 다 그렇지, 별수 있겠어?

초간단 휴지 속심 비행기

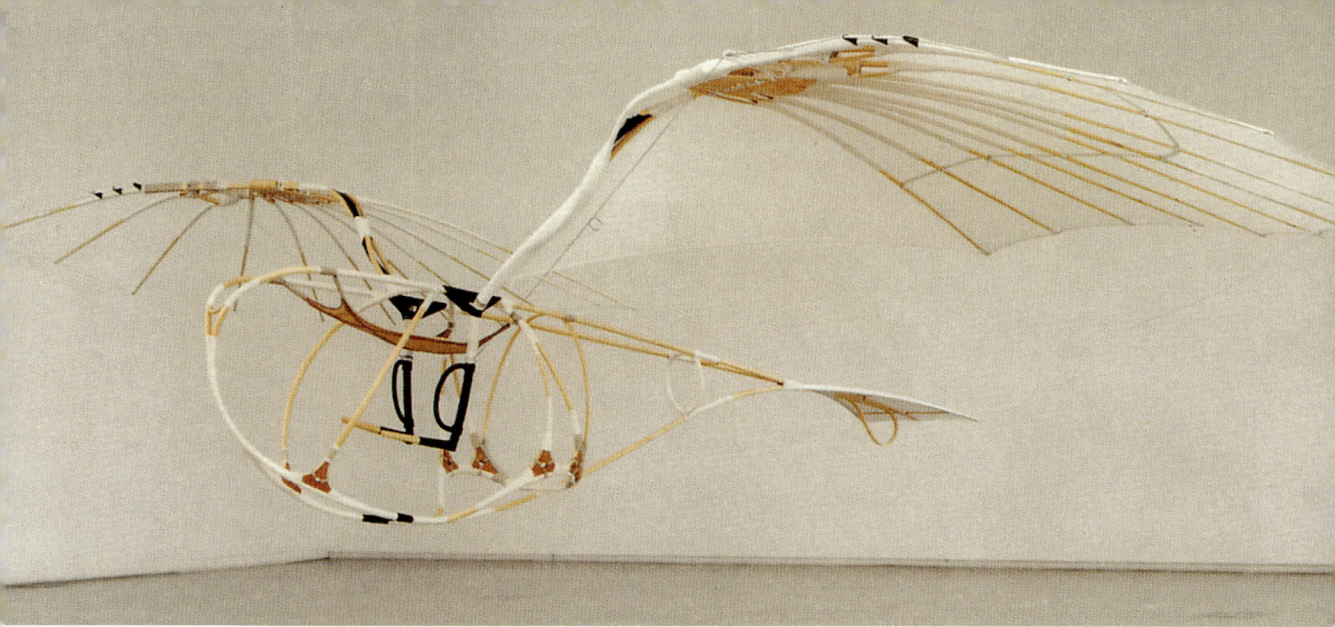

학처럼 우아하지만
날지 못하는 레타틀린

예술 작품이 된 비행 기계 현대의 예술가들도 하늘을 나는 꿈을 포기하지 않았어. 단순히 나는 데 목적을 둔 게 아니라 하늘까지 상상력을 넓히려던 인류의 오랜 꿈을 이어받고 싶었던 거지. 구스타프 메스너가 외롭지 않게 말이야. 러시아의 예술가 블라디미르 타틀린(Vladimir Evgrafovich Tatlin 1885~1953)도 그런 예술가였지.

블라디미르 타틀린은 1930년 새로운 비행 기계를 선보이고, '레타틀린'이라고 이름 붙였어. '레타트'는 러시아어로 '난다'는 뜻이니까 '하늘을 나는 타틀린'이라는 이름이지.

레타틀린은 아주 정교하고 섬세하게 지어진 구조물이었어. 잘 부러지지 않는 단단한 나무 재료, 가벼운 알루미늄, 낙하산 천, 코르크 등을 사용해서 만들었는데, 전체적인 형태는 헬리콥터를 닮았지. 각 연결 부위는 금속 재료를 사용해서 골격을 단단히 붙잡아 주었어.

비행 기계 한복판에는 한 사람이 간신히 들어갈 수 있는 조종석이 있지만, 보호 장치도 없고 사방이 다 틔어 있어서 바람이 씽씽 들어왔을 거야. 동체 양쪽으로는 학의 날개처럼 생긴 커다란 날개가 펼쳐져 있었어. 블라디미르 타틀린은 비행 기계를 구상하면서 학이 나는 모습을 여러 차례 관찰했다고 털어놓은 적이 있지.

레타틀린은 공학적인 구조체로서도 대단한 기술적 혁신을 보여 주지만, 예술적인 측면에서도 흥미진진한 작품이었어. 물론 동력도 동력 전달 장치도 없으니까 레타틀린을 타고 하늘을 날 수는 없었지. 그러나 학에게 빌린 상상의 날개를 가졌으니 그런 것쯤은 아무 문제가 안 될 거야.

블라디미르 타틀린은 비행의 신화를 재현한 것으로 충분하다고 보았어. 추락해서 바다에 빠져 죽은 이카로스보다 날개를 발명한 다이달로스의 신화가 그의 마음을 끌어당겼지. 레타틀린은 신화의 바다 위를 학처럼 우아하게 날아오를 거야.

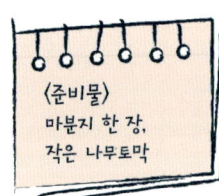
〈준비물〉
마분지 한 장,
작은 나무토막

우리도 학처럼 우아한 비행기를 만들 수 있을까?

우아한 비행기를 만든다고 꼭 우아한 재료를 고집할 필요는 없어. 작은 나무토막하고 마분지 한 장만 있으면 준비는 완벽해. 나무토막은 뒷동산이나 산책길에서 주워 오거나 우리의 든든한 보물 상자 쓰레기통에서 조달하는 거야.

우선 나무토막은 잘라서 학의 머리와 목을 만들어 두어야 해. 그리고 마분지를 반으로 접어서 학 날개를 오려 내지. 오리고 나서 접은 마분지를 펼치면 정확히 대칭이 되는 날개가 나올 거야. 이제 마분지 날개 한 가운데에 준비해 둔 나무토막을 붙이면 대강 첫 번째 단계가 완성된 셈이지.

두 번째 단계는 실제로 날려 보면서 문제점을 개선하는 거야. 학이 날지 못하고 고꾸라지면 학의 머리나 목에 붙은 나무토막을 칼로 조금씩 잘라 내면서 무게 균형을 맞추어야 해. 학의 머리가 가벼워서 앞쪽이 자꾸 들뜨면 고무찰흙이나 씹던 풍선껌을 떼어 붙여서 무게를 조정하는 거야.

마분지로 만든 학 비행기가 제대로 날지 않을 수도 있어. 그럴 때는 과감하게 쓰레기통에 버리든지 아기 침대의 모빌에 달아매는 거야. 모빌에서 매달려서 빙글빙글 돌아가는 학 비행기는 비록 날지는 못해도 우아해 보이긴 할 테니까.

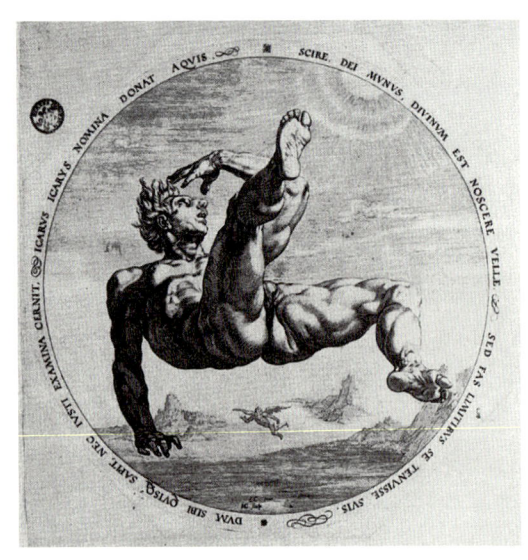

추락하는
이카로스

　이카로스는 다이달로스의 아들이야. 태양과 높이를 겨루다가 그만 익사하고 만 비극의 주인공이지. 타틀린 이전에도 많은 예술가들은 하늘을 나는 꿈을 꾸었고 좌절했지. 달콤한 성공의 열매 대신에 추락과 실패와 절망을 그들의 운명으로 받아들였어. 하늘을 날아오르지는 못했지만 하늘을 나는 꿈조차 포기한 건 아니었어. 추락을 두려워하지 않는 예술가들이야말로 이카로스의 후예들이 아닐까?

　이카로스의 비극은 아마도 영원히 계속될 거야. 1940년에 벨기에에서 태어난 예술가 파나마렝코도 그 가운데 하나지. 레오나르도 다빈치를 스승으로 삼고, 타틀린에 매혹되었던 파나마렝코는 비행의 원리를 깊이 연구하면서 예술 작품의 비행 가능성을 실험했던 인물이야.

　1967년 첫 작품이 나온 다음에 후속작들이 잇달았어. 실제로 날 수 있는 작품들도 선보였지. 순수한 예술 작품으로 구성된 것들인데도 비

파나마렝코의
〈까마귀 비행기〉

행에 성공한 거야. 이걸 우연이라고 불러야 할까? 거의 불가능해 보이던 것들이 실제로 실현된 사례들이지.

파나마렝코는 헬리콥터도 하나 만들어서 전시했어. 전시품 옆에다 다빈치의 헬리콥터를 소형 모델로 복원해서 유리 상자에 넣어 두었지. 파나마렝코의 또 다른 작품은 제목이 〈까마귀 날개를 단 매트릭스〉였어. 제목만 봐서는 무슨 뜻인지 알쏭달쏭하군. 아마 까마귀 날개가 얼마나 다양하게 변할 수 있는지 보여 주려는 것 같아. 그냥 까마귀 비행기라고 불러도 좋겠지.

작품을 보면 몸체에 바퀴가 세 개 달려 있고, 합성수지로 제작한 날개의 가장자리에는 까마귀를 연상하게 하는 거대한 검정 깃털을 네 개씩 붙여 놓았어. 한 사람이 앉을 수 있는 조종석에서 페달을 굴리면 날개가 위아래로 움직이는 구조야. 사람이 없으면 전기 모터로도 날개의 움직임을 조작할 수 있어.

까마귀 비행기는 정말 날 수 있을까? 파나마렝코는 기자들을 모아 놓고 직접 타고 날아 보았다고 말했지. 혹시 기자들을 놀리려고 거짓말을 지어낸 게 아닐까? 실제로 까마귀 비행기에 올라타서 실험을 했지만 꿈쩍도 안 했어. 파나마렝코는 혹시 까마귀 고기를 먹고 꿈과 현실이 헷갈렸던 게 아닐까? 아닌 게 아니라 파나마렝코와 얽힌 황당하고도 즐거운 일화들이 아주 많아.

진실이야 어찌되었든 파나마렝코는 이카로스를 따라잡으려는 꿈이 얼마나 예술적 상상력에 큰 영감을 주는지 우리에게 보여 주고 있어. 레오나르도 다빈치와 타틀린에게 그랬던 것처럼 말이야.

예술은 꿈을 꾸기 위한 훌륭한 도구지. 특히 하늘을 나는 꿈을 꾸기에는 더 나은 게 없을 거야. 1940년에 태어난 한스외르크 포트에 대해서 이야기를 할까 해. 한스외르크 포트는 뮌헨에서 화가로 활동하면서 조각 작품도 만드는 작가야. 모로코의 사막에서 하늘 계단이라는 건축물을 세운 걸로 널리 알려졌어.

흙벽돌을 쌓아서 만든 홀쭉한 건축물은 하늘까지 닿는 좁은 계단 형태를 하고 있는데, 내부에 근사한 공간도 마련되어 있지. 그 안에는 쇠 날개가 하나 세워져 있어. 쇠로 만든 날개는 제 무게를 견디지 못한 이카로스의 비극적인 비행을 상징하지. 16미터나 되는 가파른 돌계단을 걸어 올라가서 꼭대기에 도달하면 우리는 발아래 대지를 굽어 보면서 비어 있는 허공에 첫 걸음을 떼고 싶은 욕망에 사로잡히게 되지. 사막의 광활한 풍경과 텅 빈 하늘의 중간에서 햇살과 바람에 몸을 맡기며

한스외르크 포트의 쇠 날개와 하늘 계단

용 모습의 연

이카로스를 회상하는 거야. 날개를 어깨에 걸 수는 없어. 너무 무거우니까. 쇠 날개는 가망 없는 추락을 의미하지. 한스외르크 포트는 비행의 꿈과 추락의 현실을 예술 작품을 통해서 표현한 거야.

우리도 날 수 있어. 적어도 나는 꿈은 꿀 수 있지. 직접 날기가 어쩐지 망설여진다면 종이비행기라도 접어서 날리는 거야. 종이비행기도 잘 접으면 꽤 멀리 날릴 수 있어. 물론 엉뚱한 곳에 불시착할 위험은 감수해야겠지.

아참, 이런 놀이는 어떨까? 헬륨 가스를 채운 풍선에 카드를 매다는 거야. 카드에는 내 이름과 주소를 적고 누군지 모를 수신자에게 전할 안부 인사를 곁들여서 말이야. 풍선은 까마득히 날아올랐다가 바람을 타고 어디론가 사라지겠지. 혹시 운이 좋으면 답장을 받게 될지도 몰라. 대나무 연에다 편지를 띄워 보내도 좋겠지. 바람이 낯선 인연을 맺어 줄지 누가 알겠어?

연 날리기   연은 아주 오랜 전통을 가지고 있어. 요즘은 문방구나 장난감 가게에서 연을 쉽게 사서 가지고 놀지만, 고대 중국에서는 연을 전쟁 무기로도 사용했대. 벌써 2000년 전부터 연을 활용했다니까 꽤 족보가 있는 비행 물체라고 할 수 있지.

중국인들은 연을 사용해서 강 건너로 물건을 옮기거나, 높은 나무나 탑의 높이를 측정했다고 해. 연에다 납추를 매단 실을 묶어 두고 실의 길이를 재는 방식으로 높이를 쟀던 거야. 연은 또 풍향과 풍속의 측정에도 사용되었어. 여러 모로 쓸모가 많은 물건이었지. 심지어 대형 연에 사람이 매달려서 하늘을 날았다는 기록도 있어. 자칫 추락하면 최소한 골절이었을 텐데, 연에 올라탄 사람은 얼마나 조마조마했을까?

지금으로부터 약 700여 년 전에 연은 중국에서 인도를 거쳐 유럽으로 전파되었어. 처음에는 연을 깃발처럼 사용했다고 해. 그러다가 몽고의 침입을 받았을 때 몽고 군대가 연을 무기로 사용하는 것을 보고 배웠다는 거야. 연에다 불이 잘 붙는 가연성 물질을 잔뜩 실은 다음 심지에 불을 붙이고 적진으로 날려 보냈다니까 일종의 화공을 시도한 거지. 또 대형 연에다 무시무시한 괴물을 그려 넣어서 적군의 간담을 서늘하게 했대. 중세와 근대 채식 필사화에도 기사들이 괴물 형상을 한 연의 줄을 쥐고 있는 그림들을 발견할 수 있어. 역사가들에게도 연은 깊은 인상을 남겼나 봐.

연을 날아다니는 용의 모습으로 만들기도 했어. 용 모습의 연에 대해서는 채식 필사화와 부연 설명이 상세하게 남아 있지. 가령, 용의 머리는 가죽, 몸통은 아마천, 꼬리는 비단으로 만들었다는 식이야. 용은 주둥이로 바람을 마시지. 용의 머리와 목 부분에는 나무로 만든 틀이 심어져 있고 그 안에 풀무*를 하나 얹어 놓았어.

용 모양의 연을 날리는 데는 기술자 세 명이 달라붙어야 했대. 일단 바람을 타고 하늘에 뜨면 말을 탄 기사가 용의 움직임을 조종하지.

용의 머릿속에 들어 있는 풀무는 무슨 용도였을까? 용의 주둥이에는 쇠로 만든 얇고 가느다란 대롱을 잔뜩 끼워 놓고, 대롱 안에는 생선 기름에 적신 목화솜을 채워 넣었지. 풀무가 불길을 뿜어 내는 순간

* 풀무
불을 피울 때 바람을 일으키는 기구

레오나르도 다빈치가 그린 날개 달린 용

목화솜에 불이 옮겨붙어서 요란한 폭염과 불꽃을 주둥이로 뿜어냈을 거야. 볼만한 장관이 연출되었겠지.

용의 모습을 하고 있는 연이라니, 정말 기발하지 않아? 용은 나쁜 역할을 맡기도 하지. 악룡이나 용의 모습을 한 바다 괴물이 사슬에 묶인 공주님을 잡아먹으려고 시뻘건 혀를 날름거리는 장면은 전설이나 신화에 단골로 등장하는 장면이지.

르네상스 이탈리아의 천재 화가 레오나르도 다빈치도 용을 그린 적이 있었어. 물론 실제로 본 게 아니라 상상으로 그린 거야. 날개를 퍼덕거리면서 날카로운 발톱을 세우고 달려드는 용은 언제 보아도 섬뜩해. 그런데 같은 용이라도 용 모양의 연은 하나도 무섭지 않아. 우리는 연줄을 감거나 늦추면서 가을 하늘의 용을 춤추게 할 수 있지. 마치 용을 부리는 무적의 기사가 된 것처럼.

다빈치의 수기 노트에는 하늘을 나는 용과 함께 로켓도 그려져 있어. 그런 걸 보면 다빈치는 시대를 뛰어넘는 비상한 재능을 가지고 있었나 봐. 원리와 구조를 보면 엄연히 로켓이지만 우주 여행까지는 무리였을 거야. 기껏해야 전쟁 무기로 쓰였겠지.

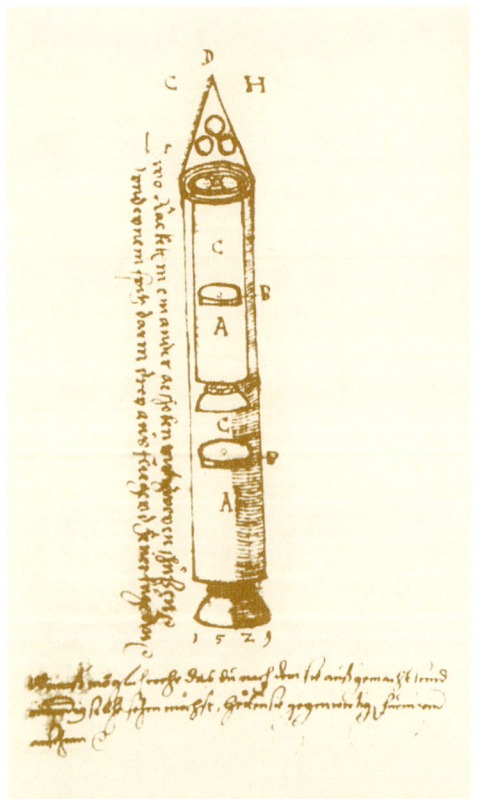

그 후 1550년경 콘라트 하스라는 인물이 로켓 설계도를 완성했어. 콘라트 하스의 설계 도면은 지금도 남아 있는데, 여기에는 놀랍게도 3단 로켓의 내부가 나타나 있지. 오늘날 우주 로켓도 모두 3단 구조라는 걸 생각하면 이마를 치지 않을 수 없어. 콘라트 하스의 3단 로켓은 우주를 정복하기보다 불꽃놀이 폭죽에 사용했대. 물론 전쟁 화기로 써도 손색없겠지만 콘라트 하스는 그렇게 하지 않았어. 평화주의자였거든. 그가 남긴 『로켓의 책』에는 이렇게 적혀 있어.

'평화는 전쟁보다 위대하다.'

1550년경
콘라트 하스가
고안한 3단 로켓의 설계도

물 로켓 우주 여행

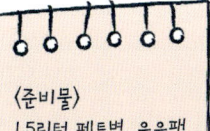

〈준비물〉
1.5리터 페트병, 우유팩, 절연 테이프, 코르크 마개, 자전거 튜브 노즐, 공기 펌프, 칼, 가위 등

콘라트 하스가 설계한 3단 로켓은 제작이 무척 까다로워서 원리만 익히고 넘어가기로 해. 그보다 조금 단순하긴 하지만 물 로켓을 만들어 보는 건 어떨까?

물 로켓은 간단한 재료만 준비하면 쉽게 만들 수 있지만, 발사하면 엄청난 속도로 날아가기 때문에 반드시 선생님이나 어른이 같이 해야 한다는 걸 명심해.

터지기 전에 날아간다!

물 로켓이 날아가는 원리는 이런 거야. 페트병 속에 물을 채우고 공기를 계속 주입하면 어느 순간 압력을 더 이상 견디지 못하고 뚜껑이 터지면서 내용물이 분출하는데, 그걸 추진력으로 삼아서 발사되는 거야. 발사되면서 물과 공기가 터지듯이 쏟아져 나오기 때문에 물 로켓이라고 부르지. 자칫 다칠 수 있으니까 위험을 줄이려면 운동장처럼 넓은 곳이 좋겠지.

페트병으로 만든 물 로켓

물 로켓을 만들자.

우선 우유팩을 반으로 잘라서 윗부분은 로켓의 머리 부분으로 사용하고, 아랫부분은 각지게 잘라서 꼬리 날개로 쓰면 돼. 꼬리 날개는 세 개가 딱 좋은데, 절연 테이프를 감아서 단단히 고정해야 해. 주의할 건 페트병을 거꾸로 뒤집어야 한다는 점이야. 물이 쏟아져 나오는 구멍

이 아래쪽이어야 하거든.

주둥이를 막아서 압력을 높여야 하니까 코르크 마개를 페트병 주둥이에 끼우면 좋겠어. 아, 코르크 마개를 페트병에 끼우기 전에 공기를 집어넣을 구멍을 만들어야 해. 자전거 바퀴에서 잠시 노즐을 실례할까? 그래, 코르크 마개에다 튜브 노즐을 끼우고 그걸로 페트병을 밀봉한 다음에 바퀴에 바람 넣을 때와 똑같은 방법으로 펌프질을 하는 거야.

빈 공간에 공기를 주입하기 전에 미리 페트병에 물을 어느 정도 넣어 두는데, 물은 페트병의 3분의 1 정도가 적당할 거야. 물을 너무 많이 넣으면 무거워서 잘 안 날고, 물이 적으면 로켓의 추진력이 약해져서 잘 못 날거든.

작용 반작용의 법칙

코르크 마개를 페트병 주둥이에 꽉 끼운 다음에 힘차게 펌프질을 하면 페트병 속의 공기가 압축되기 시작해. 페트병 내부의 압력이 점차 올라가다가 어느 순간 더 이상 견디지 못하고 코르크를 밀어내지. 이때 페트병 안에 있는 물과 공기가 한꺼번에 몰려나오면서 그 반작용으로 물 로켓이 발사되는 거야. 뉴턴의 운동 법칙 가운데 '작용 반작용의 법칙'은 다들 알고 있겠지? 노파심에서 다시 말하지만, 아이들끼리는 물 로켓 발사 절대 금지!

작용 반작용의 법칙

뉴턴의 세 가지 운동 법칙 가운데 하나다. 모든 힘에는 작용하는 힘과 반대 방향으로 크기가 같은 반작용 힘이 따른다는 법칙이다.

로켓이 날아가려면 추진력이 필요해. 연은 날아가려면 바람만으로 충분하지. 요즘은 주둥이에서 불꽃을 뿜어내는 용이 하늘을 떠돌아다니는 모습을 보기 힘들다는 게 좀 아쉽기는 해.

우리나라를 비롯해서 동양에서는 나라마다, 민족마다 고유의 연날리기 풍속을 가지고 있지. 용의 모습을 한 연 말고도 연의 종류는 백 가지가 넘을 거야. 반달연, 방패연, 가오리연, 접시연, 제비연…… 연의 종류를 일일이 다 꼽자면 손가락이 모자랄 거야.

연은 모양을 갖추어서 하늘에 날리기도 하지만 장식으로 벽에 걸어 두어도 꽤 볼만해. 연은 창호지나 한지 같은 질긴 종이를 얇은 대나무 살에 붙여서 만들지.

연에다 그림을 그리기도 해. 용이나 호랑이, 각시탈 같은 걸 그려도 재미있을 거야. 내 얼굴을 그리는 건 어떨까? 내 얼굴이 연을 타고 하늘 높이 올라가서 바람에 둥둥 떠다니면서 우리 동네를 내려다본다고 생각하면 어쩐지 짜릿하고 상쾌한 느낌이 들어. 연을 날리면서 연줄 끊어 먹기 놀이를 해도 좋겠지.

연을 가지고 있으면 바람 부는 날을 손꼽아 기다리게 될 거야. 바람은 연을 날게 하고, 우리의 꿈에도 날개를 달아 주거든.

연 만들 종이에 그림을 다 그렸으면 본격적인 연 만들기를 시작하기로 해. 연의 크기에 알맞은 한지 한 장을 세로 길이로 삼등분하고 한가운데에 동그란 구멍을 내야 해. 그리고 한지의 윗변과 아랫변에 가늘게 다듬은 대

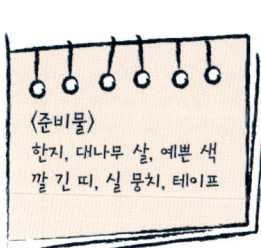

〈준비물〉
한지, 대나무 살, 예쁜 색깔 긴 띠, 실 뭉치, 테이프

나무 살을 붙이면 뼈대가 완성되지.

　연의 아래에는 준비한 긴 띠를 붙여서 꼬리를 다는데, 연 꼬리는 연이 위로 날아오를 때 좌우로 흔들리지 않게 중심을 잡아 주는 역할을 해. 연의 아랫변 양 끝에 작은 꼬리를 하나씩 더 붙여도 좋아.

　연의 전체 모양을 잡아 주기 위해서 사각형 연의 대각선으로 긴 대나무 살을 가로질러서 고정시켜야 해. 이제 뼈대는 완성된 셈이지. 이제 연의 윗변에 붙인 대나무 살을 구부려 줄 차례야. 곧은 대나무 양 끝에 실을 묶고 나서 당겨 주면 대나무가 자연스럽게 휘면서 연은 자라처럼 등이 부푼 모양이 되지. 마치 바람을 잔뜩 머금은 돛포처럼 말이야.

　연을 꼭 네모반듯하게 만들 필요는 없어. 오각형, 육각형, 타원형 등 다양한 모양의 연에다 마음에 드는 색깔로 꼬리를 붙이는 거야. 실도 꼭 비싼 명주실만 되는 건 아니야. 물론 가벼운 실이 좋겠지.

　그리고 마지막으로 하나 더! 연에다 내 얼굴 그려 넣는 것, 잊지 않았지?

이제 하늘을 날아 볼까?

부록

1. 레오나르도 다빈치의 발자취
2. 르네상스 예술가 다빈치를 만나다
2. 미술관에 놀러 가요

레오나르도 다빈치의 발자취

1452년 4월 15일 빈치 인근의 앙키아노에서 공증인의 아들로 태어남. 부모의 신분 차이로 태어나자마자 아버지와 헤어지고 어머니도 떠나 외롭게 자람.

1469년 피렌체의 장인 베로키오의 공방에 견습 도제로 들어감.

1472년 피렌체 화가 조합에 가입함. 도제 생활을 마친 뒤에도 베로키오 공방에서 일함.

1482년 밀라노로 이주해서 로도비코 스포르차 공작에게 봉사함.

1482년 밀라노 체류 기간 동안 그곳 산타 마리아 델레 그라치에 교회에 벽화 〈최후의 만찬〉을 그림.

〈최후의 만찬〉이 있는 델레 그라치에 교회

1500년 밀라노가 프랑스 군대의 공격을 받고 함락되자 피렌체로 피신함. 피렌체에서 〈성 안나와 성 모자〉 작업을 함.

1502~1503년 체사레 보르지아의 주문을 받고 움브리아 지역의 지도를 제작함. 〈모나리자〉를 그리기 시작함.

1504~1505년 피렌체의 팔라초 베키오에서 벽화 〈앙기아리 전투〉를 시작했으나 완성하지 못함. 현재 소실됨.

1506년 밀라노로 돌아감. 프랑스 국왕에게 봉사함. 이후 몇 해 동안 피렌체와 밀라노를 오가며 활동함.

1513년 교황 레오 10세의 부름을 받고 로마에 불려 감. 교황 레오 10세의 동생 줄리아노 데 메디치의 주문을 받고 작업함.

1516년 프랑스 국왕 프랑수아 1세의 요청을 받아들여서 프랑스로 이주함. 앙부아즈 인근의 클루 성에서 노년을 보냄.

1519년 클루 성에서 생을 마감함.

르네상스 예술가 다빈치를 만나다

  너희들도 알다시피 레오나르도 다빈치는 16세기 르네상스 시대의 대표적인 예술가야. 미켈란젤로, 라파엘로와 함께 르네상스 3대 예술가로 꼽히지.

  '르네상스'는 '재생·부활'이라는 뜻이야. 즉, 다시 태어난다는 거지. 고대의 그리스·로마 문화를 다시 부활시켜 새 문화를 만들고자 한 운동이야. 그 중심에 레오나르도 다빈치가 있었어.

  조각, 토목, 수학, 과학 등 거의 모든 분야에 재능을 보여 천재라고 불리던 다빈치가 어떤 그림을 그렸는지 궁금하지 않니? 아직 다빈치의 그림을 더 감상하고 싶은 친구들은 눈 크게 뜨고 따라와.

라파엘로의 〈아테네 학당〉 중에서 다빈치를 모델로 한 플라톤의 모습

이 할아버지를 잊지 않았겠지?

이 시대에는 화가들이 대부분 성서에 나온 그림을 많이 그렸지. 레오나르도 다빈치도 마찬가지였어. 두 그림 모두 성모 마리아와 아기 예수를 그린 그림이야. 당시에는 인물을 실내에 놓고 뒤쪽에 창문을 그려서 탁 트인 느낌이 들게 해 주는 구성이 유행이었다고 해.

따사롭고 자애로움을 지닌 어머니의 표정과 익살스러운 아기들의 표정을 잘 관찰해 봐. 아기는 어머니한테 뭐라고 옹알이를 하고 있을까? 그런 아기를 보고 어머니는 무슨 생각을 하고 있을까? 각자 이야기를 상상해 보는 것도 재미있을 것 같아.

레오나르도 다빈치 〈물병의 성모〉 1473~1476년경, 유화, 62×47.5cm, 뮌헨 고전미술관 (왼쪽)
레오나르도 다빈치 〈브누아의 성모〉 1478~1480년, 유화, 48×31cm, 상트페테르부르크 에르미타슈 미술관 (오른쪽)

아기 양과 장난을 치는
아기 예수를
사랑스럽게 안아 주는
어머니의 모습

레오나르도 다빈치
⟨성 안나와 성 모자⟩
1508~1518년, 유화,
168×130cm,
파리 루브르 박물관

앞에서 레오나르도 다빈치가 자연을 세심하고 주의 깊게 관찰하곤 했다는 이야기를 했었지. 벌써 잊어버린 건 아니지? 까마귀 고기를 먹은 사람은 25쪽을 다시 봐 줘.

다빈치는 관찰한 것을 소묘로 그릴 때 작은 것도 놓치지 않고 담아냈지. 날아가는 새나 날개뿐 아니라 꽃과 동물도 많이 그렸어. 앞에서 본 〈수태고지〉 그림에 나온 꽃들도 아주 실감나게 그렸잖아.(22쪽) 다 이런 노력 끝에 나온 그림인 거지. 함께 감상해 볼까?

〈수태고지〉에 나왔던 백합과 비교해 봐.

레오나르도 다빈치 〈백합 소묘〉
1475년경, 소묘, 31.3×17.7cm, 원저 성 왕립도서관

레오나르도 다빈치 〈베들레헴 별꽃〉
1505~1507년, 소묘, 19.8×16cm, 피렌체 우피치 미술관

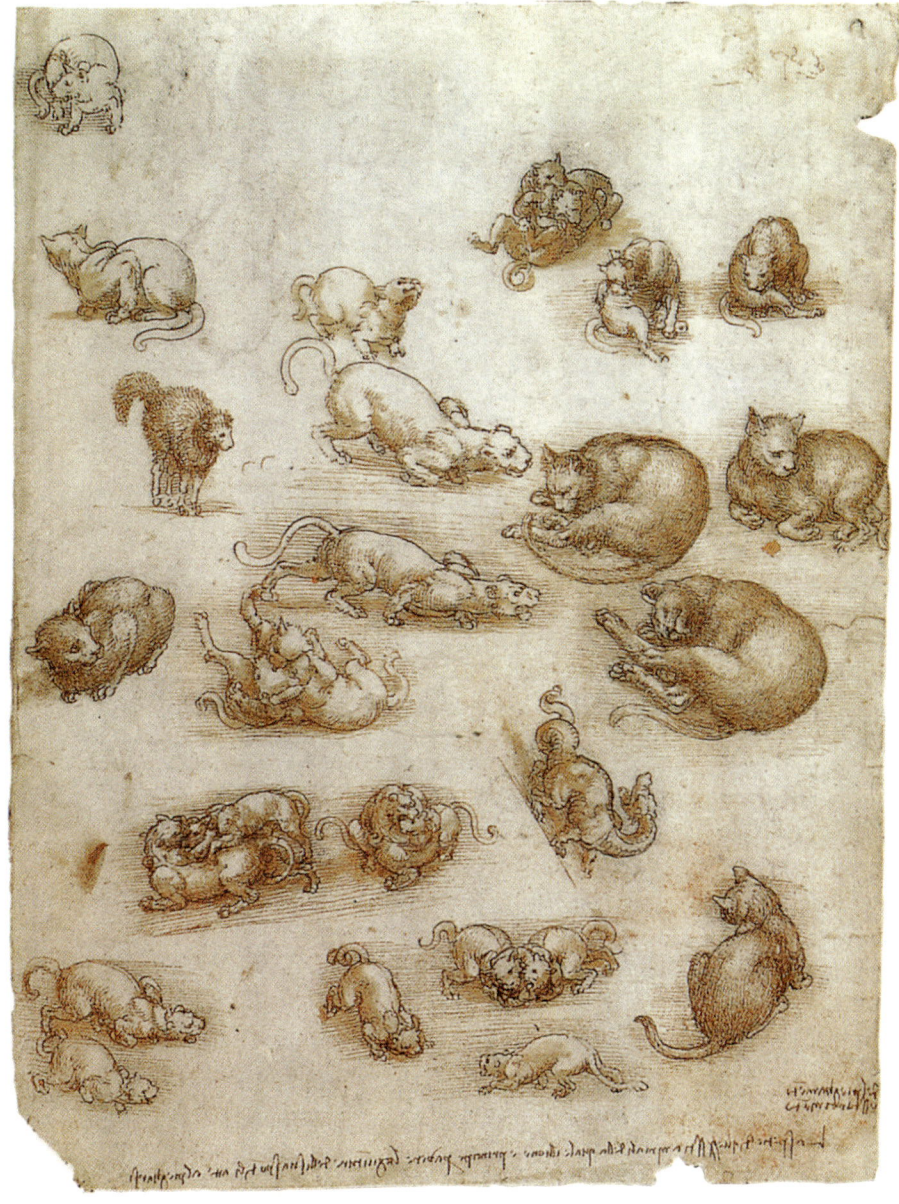

고양이들 사이에서
용을 찾아 봐.

레오나르도 다빈치 〈고양이와 용〉 1513~1515년, 소묘, 27.1×20.4cm, 윈저 성 왕립도서관 다빈치는 자연뿐만 아니라 다양한 인물의 표정을 그리는 취미도 있었어. 길거리에서 특이하게 생긴 사람만 보면 뒤따라가서 관찰하고 그리기까지 했다고 해. 정말 특이한 성격의 소유자야.

멋진 인물화를 그린 화가들에게 이런 표정 연구는 기본인가 봐. 렘브란트도 표정 연구를 하기 위해 동판화로 다양한 표정을 짓고 있는 자화상을 남겼잖아.

그런 호기심과 열정 덕분에 다빈치가 그린 초상화는 지금도 명작으로 주목을 받고 있어. 몇 점 남아 있지 않기 때문에 더 가치가 있는 거겠지. 이 책에서는 대표적인 여인 초상화 두 점을 소개할까 해.

인물들은 한결같이 표정이 살아 있어서 바라보고 있으면 인물의 성격이나 분위기 등을 알 수 있을 것 같아. 차림새나 장신구를 보니 귀족 여인인 것 같은데, 〈모나리자〉와 비교하면서 보는 것도 재미있겠지?

레오나르도 다빈치
〈아름다운 포르니에레〉
1490~1495년경, 유화, 63×45cm,
파리 루브르 박물관

흰 담비를 안고 있는
아름다운 여인이야.

레오나르도 다빈치 〈체칠리아 갈레라니〉 1490년경, 유화, 54.8×40.3cm, 크라카우 차르토리스키 미술관

미술관에 놀러 가요

서울시립미술관	sema.seoul.go.kr	02) 2124-8800
예술의전당	sac.or.kr	02) 580-1300
경인미술관	kyunginart.co.kr	02) 733-4448
성곡미술관	sungkokmuseum.org	02) 737-7650
국립현대미술관	mmca.go.kr	02) 2188-6000 (과천관)
		02) 3701-9500 (서울관)
		02) 2022-0600 (덕수궁관)
국립중앙박물관	museum.go.kr	02) 2077-9000
호암미술관	hoammuseum.org	031) 320-1801
경기도미술관	gmoma.ggcf.kr	031) 481-7005
강릉시립미술관	gn.go.kr	033) 640-4271
대전시립미술관	daejeon.go.kr	042) 270-7378
경남도립미술관	gyeongnam.go.kr	055) 254-4600
부산시립미술관	art.busan.go.kr	0507) 1404-2602
포항시립미술관	poma.pohang.go.kr	054) 270-4700
대구미술관	daeguartmuseum.or.kr	053) 803-7900
전북도립미술관	jma.go.kr	063) 290-6888
광주시립미술관	artmuse.gwangju.go.kr	062) 613-7100
제주도립미술관	jmoa.jeju.go.kr	064) 710-4300

※ 자세한 정보는 미술관의 인터넷 홈페이지와 전화를 통해 문의하시기 바랍니다.